Elogios para *ELIG*

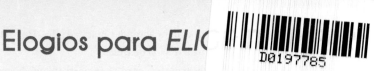

«Héctor y Laura, les felicito por su gran log... ...
mujer que quiere maximizar su capacidad para triunfar; sin duda, no hay mujer
que no quiera más para su vida.

»En BeautiControl, lograron en muy poco tiempo influenciar el pensamiento de nuestra fuerza de ventas hasta llevarla a "Sí se puede". Con técnicas
de *coaching* y filosofía "de corazón", el resultado es que afecta los pensamientos
y las emociones que impulsan a actuar. Un libro lleno de ejemplos de mujeres
triunfadoras que ayudará a miles de féminas a lograr más, mientras disfrutan de
una vida llena de satisfacción personal.

»Para alcanzar todo lo que deseamos en esta vida, solo tenemos que ayudar
a muchos otros a lograr lo que desean. Héctor y Laura viven para ayudar a toda
mujer a ver su gran capacidad y lograr una vida triunfadora.

»Como Héctor y Laura, *Elige triunfar* será como ellos, ¡un *best seller*!».

—ALBERT C. BOSCH, PRESIDENT & MD
TUPPERWARE JAPAN

«Conozco a Héctor y Laura Teme hace años y he visto cómo han ayudado a
miles de personas a nivel personal y profesional. El viajar a tantos países a través de los años me ha mostrado la necesidad y la importancia de libros como
este, que sirven como una herramienta para que las mujeres aprendan a ser más
influyentes en sus vidas cotidianas, en sus trabajos y comunidades. Como
mujer y fundadora de la línea de cosméticos, Pureza, me sumo a este material y
a este propósito tan noble, esperando que millones de mujeres luego de leerlo se
unan al ejército de *mujeres triunfadoras*».

—JULISSA, CANTANTE Y DESARROLLADORA DE LA LÍNEA PUREZA PARA LA MUJER

«En tu camino por la vida se cruzan personas o libros que te impactan de inmediato, esa es mi experiencia con Héctor y Laura Teme. Ambos han logrado influenciar mi vida, la de mi familia y mi aspecto profesional de una manera exitosa, a
través de estos tres años que hemos trabajado en equipo, para ayudar a miles de
mujeres a dar la milla extra y a lograr todo lo que han anhelado. Me da muchísimo orgullo haber compartido esta gran oportunidad así como también la
experiencia de tenerlos en el equipo y ver que de manera rápida han impactado
e influenciado a las personas para que den un poco más, hablen de manera
positiva, demuestren confianza, se expresen con más seguridad en cuanto a sí
mismas, se sientan bien con lo que hacen, demuestren una conexión emocional

en otro nivel, y recarguen las baterías para aprender más cada día. He podido ver con gran satisfacción el cambio en la vida de miles.

»Todos queremos ser exitosos y triunfar, pero es importante que busquemos en nuestro interior primero, que tengamos una buena relación con nosotros antes de poder influenciar a otros.

»Mi experiencia a través de estos años, pese a tener éxito con mujeres triunfadoras y mi propio triunfo personal, es que siempre tenemos mucho que aprender unos de otros. Todos tenemos talentos y habilidades que nos hacen únicos, pero ¿acaso las conocemos? ¿Conoces tus talentos? ¿Los reconoces y te sientes orgullosa de ellos? Esta es mi gran oportunidad, en la cual Héctor y Laura han podido impactar mi vida y la de miles de mujeres a través de estos años. Te invito a que comiences a ver la pantalla grande de tu futuro ilimitado y a experimentar una nueva etapa en tu carrera de éxito como lo hemos hecho miles de mujeres con las que tengo contacto diario y yo. Disfrútalo».

—MILDRED MUNIZ, VICEPRESIDENTE REGIONAL PARA MERCADO HISPANO
BEAUTICONTROL

«Junto a Laura y Héctor entendí que mi negocio es el territorio que Dios me ha confiado para crecer y desarrollarme, y para tocar la vida de otras mujeres. Aprendí a mover los límites de las fronteras de mi mente, mi lenguaje y mis acciones, no solo para alcanzar una posición sino para que sea mi misión en la vida. Con las herramientas del método CC que se explica en este libro, entreno a mis directoras para poder realizar un *seguimiento efectivo* a sus equipos, ya que este es un pilar clave en nuestro negocio para aumentar la productividad y el desarrollo de nuevas líderes».

—GABRIELA S. BELLO, DIRECTORA NACIONAL DE VENTAS INDEPENDIENTE
MARY KAY COSMÉTICOS, ARGENTINA

«Conocí al autor, y nuestro coach, Héctor Teme en las postrimerías de mi vigésimo aniversario en la industria de la venta directa y habiendo desarrollado uno de los equipos más sólidos con ventas de hasta veinte millones anuales. Héctor entra en mi vida justo cuando nos encontrábamos en un momento de transición y expansión. Su mentoría me ayudó a ver y entender los 180 grados de ceguera que poseemos y cómo ser más poderosa en el uso del lenguaje, generando espacios y logrando identificar que para tener más debíamos ser más, enseñanzas que por siempre llevaré conmigo. Mismas que he compartido con mi equipo y que querrás conocer para que al igual que yo te des la oportunidad de llevar tu negocio a un nivel superior».

—MARI SANTODOMINGO, SENIOR NATIONAL EXECUTIVE
BEAUTICONTROL

ELIGE TRIUNFAR

Los secretos del
ser y el hacer de mujeres
emprendedoras

HÉCTOR TEME

GRUPO NELSON
Una división de Thomas Nelson Publishers
Desde 1798

NASHVILLE   DALLAS   MÉXICO DF.   RÍO DE JANEIRO

Publicado en Nashville, Tennessee, Estados Unidos de América. Grupo Nelson, Inc.
es una subsidiaria que pertenece completamente a Thomas Nelson, Inc. Grupo Nelson
es una marca registrada de Thomas Nelson, Inc. www.gruponelson.com

Editora en Jefe: *Graciela Lelli*
Diseño: *Grupo Nivel Uno, Inc.*

ISBN: 978-1-60255-937-0

Impreso en Estados Unidos de América

12 13 14 15 16 QG 9 8 7 6 5 4 3 2 1

Para mi bella Abigail
quien seguramente será
¡una gran triunfadora!

Contenido

Contenido

Introducción

He conocido a miles de mujeres y he tenido el gusto de trabajar en diferentes países con muchas de ellas aguerridas, especiales, que cuidan su hogar, que salen a trabajar y que van cada día ante un nuevo desafío. Mujeres que aman a Dios, que aman a sus familias y que, por sobre todo, no desean quedarse esperando que las cosas sucedan. Son emprendedoras, apasionadas y están deseosas de crear un mundo mejor.

Quiero hablarte de las miles que he conocido, que seguramente serán ejemplo para muchas más. Cada una de ellas ha comprendido que en el mundo de hoy la relación de esclavitud ya no se acepta, la de dependencia no alcanza y la de independencia no sirve. Y que hay nuevos modelos para llegar a ser triunfadoras en una relación de interdependencia. De moverse juntas, de verse crecer unas a otras, de ayudarse más y más cada día. De disfrutar el éxito de la otra como propio y buscar que también sea el particular.

Mujeres desafiantes en un mundo nuevo que sonríen luego de prepararse para vivir triunfantes. Es emocionante verlas de a miles reunidas en tiempos de reconocimientos, de merecimientos y de novedades, pero también buscando más entrenamiento y usando cada espacio y cada minuto para relacionarse poderosamente, mientras preguntan a sus maridos: «¿Cómo anda todo por casa?».

He visto en los últimos años cómo muchas veces han fracasado y se han vuelto a levantar, cómo día a día van hacia el triunfo y cómo perseveran ante la adversidad. He tenido el privilegio de entrenar a mujeres triunfadoras.

Y quiero hoy contarte mi experiencia. Para que la disfrutes, para que la uses, para que también seas una de las millones de mujeres que están cambiando al mundo empezando por ellas, por sus familias, por su manera de vestirse, de hablar, de relacionarse. Por su toma de conciencia en cuanto a que belleza y buena vida es una influencia que debemos hacer en cada comunidad donde vivimos. Basta de mujeres que solo ven límites y problemas, que no pueden darles de comer a sus hijos, que no saben en qué trabajar ni cómo, que son explotadas haciéndoles creer que la belleza es un castigo. Me enorgullece haber tenido el privilegio de saber que hay mujeres que van más allá de todo eso y que se ponen de pie, erguidas, para ellas mismas y para todas las que tienen alrededor, y que día a día salen a la vida a llevar acceso a belleza, acceso a la juventud, acceso al relax, acceso al bienestar, acceso a un nuevo estilo de trabajo y de vida.

Déjame hablarte de las mujeres triunfadoras y cómo han llegado a lograrlo . . .

Una aventura emocionante

Los grandes cargamentos entran en puertos de aguas profundas.

El hecho de que puedas llegar a ser una mujer triunfadora implica —como uno de los temas más importantes que tu negocio y tu vida tengan—, profundidad. Por tanto, cuando llegan los grandes cruceros que traen bendición a tu puerto pueden ingresar porque te da el calado.

Me hace recordar a mi querida Argentina. Tiene un puerto maravilloso, pero no tiene aguas profundas. Eso hace que los buques de gran calado vayan a Uruguay, no al puerto de Buenos Aires.

Las triunfadoras que tuve el privilegio de entrenar no son solo mujeres que tienen un bello puerto, una bella superficie, sino una gran profundidad.

Nuestra función es ayudarte a lograr esa profundidad. En el negocio que estés, seguramente estás pensado hasta en el más mínimo detalle de marketing y de desarrollo. Pero a pesar de eso se falla, porque sus líderes no tienen aguas profundas. Déjame mostrarte a través de mi experiencia

Elige triunfar

en cuanto a entrenar y compartir con mujeres de aguas profundas cómo poder también hacerlo en tu vida.

También es fundamental notar que los grandes cargamentos entran en puertos de aguas tranquilas. Si queremos que un gran cargamento de bendición, de prosperidad, de negocios, de dinero, de viajes, de carros, empiece a llegar, tendrán que hacerlo a un puerto de aguas tranquilas.

Cuando hay peligro de tornado o de huracanes en las costas estadounidenses, la marina saca todos sus barcos a altamar. Los grandes barcos no pueden quedarse en puertos de aguas turbulentas.

En estos años hemos encontrado mujeres muy aguerridas dedicadas de lleno a trabajar y trabajar, pero no venden, no reclutan, no logran formar equipo, no pueden convertirse en una posibilidad para su comunidad.

Y es por sus aguas turbulentas. Pero más aun por no saber la importancia de ser alguien integral, completo, que todo lo que haga en el dominio que sea de su vida sea para generar lo extraordinario, para pasar al siguiente nivel.

Para ser una mujer triunfadora, deja que te ayudemos a hacer de tus puertos, puertos de gran calado y puertos de aguas tranquilas.

La pregunta que puedo hacerme en este día es: ¿Cuánta profundidad tengo? ¿Cuánta tranquilidad tiene mi puerto para que los grandes cargamentos puedan venir a mí?

Primera parte. El ser y el hacer de una mujer triunfadora

La vicepresidenta regional de la compañía estaba llamándome. «Necesito conversar contigo tres cosas rápidamente». Se la notaba muy ocupada intentando cambiar la realidad.

En medio de la conversación me comentó todas las acciones que estaba realizando para ayudar a más mujeres a llegar al siguiente nivel.

Ella era muy buena en planes y desarrollo de acciones. Podía ver con claridad los pasos que les faltaban a cada una para llegar y difícilmente se equivocaba en el diagnóstico.

xii

Pero también sabíamos que a pesar de la claridad en la acción no siempre las personas llegaban a la meta.

¿Qué era lo que les faltaba?

Las respaldaba una compañía multinacional con los mejores productos, excelentes incentivos, muy buenos planes de compensación, fabulosos viajes de reconocimiento, seriedad y solidez empresarial y muchos años de trayectoria. Sin embargo, no todos lo podían lograr. Pero pudimos saber el secreto.

Había que entrenar a esas mujeres no solamente en el hacer sino también en el ser. Había que ayudarlas a ver más poderosamente. A incorporar distinciones que hasta ahora no tenían, herramientas y maneras que hicieran que su ser se elevara hacia la cima de la transformación. No solo hacer, sino ser.

Y sí, queremos ser más rigurosos, diríamos. No solo hacer, sino «siendo». Así que comenzamos a desarrollar la formación del ser más una profundización en el hacer que generó miles de mujeres triunfadoras.

Hoy queremos dártelo. Y que puedas trabajar tu ser para llegar al lugar que elegiste y tu hacer, para poder lograrlo de la forma más sana, en el menor tiempo y disfrutando el proceso.

Millones de mujeres salen a la vida día a día a triunfar. Pero no todas lo logran. Queremos que tú sí. Que puedas convertirte en una de las mujeres triunfadoras que se comprometieron a incorporar a su ser nuevas maneras y que aplicaron nuevos modelos con poderosos resultados. Ser y hacer triunfo. Una aventura apasionante.

El ser de una mujer triunfadora

Cual es su pensamiento en su corazón, tal es él . . .

—PROVERBIOS 23.7

Capítulo 1

Las tres D: Desmotivada, desconcertada, distraída

En el camino hacia el logro hay que hablar claro. Ir hacia una nueva manera de ser con los mismos pensamientos de ayer es simplemente una locura. Nos llevaría al sufrimiento y la desazón.

Queremos seriamente que te conviertas en una mujer triunfadora. Y que lo hagas no solo sabiendo más sino incorporando una manera de ser poderosa que sostenga tu crecimiento.

Por ello necesitamos trabajar con nuestras áreas ciegas. Esas formas y hábitos que creemos que no podemos cambiar, que vienen con nosotros, que son así por naturaleza. Además, debemos entender que podemos diseñar el futuro en el que queremos vivir. Y para eso no solo debemos saber más. También debemos ver más.

Todo empieza dentro de mí y desde ese punto sigue hacia adelante. Hoy es el día que decido darle a mi negocio un poder especial. Ya no solo serán técnicas que aplicaré o conocimientos que verteré en las vidas de otros sino una manera de ser que desde adentro fluya e influya en todo lo que tengo alrededor. Puedes ser una mujer triunfadora si empiezas a decidir serlo. A no permitir que ni las circunstancias, ni las situaciones, ni nada que esté fuera de ti te detenga.

En todos estos años *coacheando* mujeres triunfadoras vimos que aquellas que quedaban en la línea de largada eran las que permitían que el virus de las tres D las controlaran. Tomaban las tres D como la realidad y no como su percepción de la misma. Y por eso pensaban que no podían hacer nada para cambiarla.

No permitamos que las tres D se adueñen de ti. Ellas perjudican a la mujer triunfadora en su hablar, en sus ventas y en sus resultados. Por tanto, te animo a que ayudes a toda persona de tu equipo que tenga estas tres D: desmotivada, desconcertada y distraída. Las tres D nos perjudican, por lo tanto debemos sacarlas.

Desmotivada

Si estás *desmotivada* es primordial recordar que la desmotivación no viene de un hecho sino de «la interpretación del mismo».

El siglo pasado nos hizo creer que la vida se basaba en el concepto verdad-error y que toda nuestra relación con el mundo exterior era para contar esa realidad, para describirla y descubrirla.

Hoy sabemos que no solo vivimos en un mundo que podemos describir sino también en uno que podemos generar. Además, entendemos que la realidad consta de dos partes: El hecho propiamente —lo que sucedió— y como interpreto yo ese hecho. ¡Y allí podemos intervenir!

Esta conjunción —mi mirada y el hecho—, me mueve o me desmoviliza. Me ayuda a que todos mis sentidos vayan hacia un lugar o que me quede petrificado viendo cómo se despliegan las circunstancias. No me mueve algo que «es» sino «la manera en que lo veo».

Una buena forma de salir de la desmotivación y convertirte en una mujer triunfadora es preguntarte qué más puedes hacer para llegar a donde quieres ir. ¿Qué más puedes hacer para relacionarte de un modo diferente?

En la organización que fundamos y lideramos (METODOCC), mi esposa y yo tenemos una técnica que no solo sirve para develar tu sueño sino también para diseñar tu futuro. La llamamos «Técnica de la cocreatividad».[1] Y a través de un proceso buscamos descubrir quiénes somos y elegir lo que queremos ser. Lo maravilloso es que se puede develar y descubrir; como la palabra lo dice, *develar* significa *sacar el velo* y *descubrir* es *sacar la cobertura*.

Aunque algunas veces, cuando le sacas el velo a algo, solo encuentras vacío. Pero la clave no es solo descubrir —sacar la cobertura— o develar —sacar el velo—, es poder ayudarte a diseñar tu futuro. A que pongas nueva semilla en el campo fértil de tu vida o de la vida de tu gente. Desde ese punto podemos diseñar un futuro para llegar a ser lo que elegimos.

Y empezar a hablar de eso. La motivación tiene que ver conmigo, no con el afuera. El entusiasmo tiene que ver con lo que llevo dentro. Si quieres dejar de estar desmotivada, puedes empezar comprometiéndote a diseñar un futuro diferente. Puedes comenzar a dejar de creer que la realidad es absoluta y que está en tu contra. Puedes dejar de mirar la vida desde afuera hacia adentro y empezar a verla de adentro hacia fuera. Encontrarás que así es como sale el sol.

Cuando sabes hacia dónde ir, cuando sabes que eres responsable de tu propio destino, cuando miras hacia el futuro con pasión no habrá espacio para la duda o la desmotivación.

Desconcertada

La palabra «desconcertado» en el *Diccionario de la Real Academia Española* significa: desbaratado, de mala conducta, que tiene mal gobierno.

Si eres de aquellas personas que andan por la vida desbaratadas, que no se encuentran, que andan medio perdidas, es porque en el «Concierto del Triunfo» no estás sonando igual que el resto del equipo. Eso es no estar en el concierto.

Una mujer triunfadora, luego de aprender a tocar el instrumento que la llevará al éxito, lo hace pero no sola y aislada, sino formando parte de una gran sinfonía. Escucha a las otras y lo hace basada en su compromiso de concertar, de tocar al unísono, de ir con forma. Es sonar con la orquesta de la misma manera. Cuando uno está desconcertado es porque no toca al ritmo que necesita, al ritmo de fluir e influir, e ir construyendo el futuro en el que eliges vivir.

Uno ve a estas mujeres extraordinarias caminar con paso firme, esbeltas, con sus trajes que las engalanan y con una sonrisa en común. Con el deseo de poder trabajar juntas todo el potencial, la una con la otra.

Cuando andas desconcertada por la vida es cuando sabes y te escuchas sonando bajito, sonando solita, sonando aislada de la orquesta que brilla y suena fuerte cerca de ti.

Si esta es una de las D que te ha tenido, hoy es un buen momento para decidir empezar a sonar diferente. Y una maravillosa forma de hacerlo es comenzar a escuchar la melodía.

Detente y vuelve a escuchar la melodía de tu corazón, la melodía de tu futuro y de tus sueños en acción. Vuelve a escuchar la melodía de trabajar en equipo, de reconocer el esfuerzo, de sintonizar con otros y otras que quieren ir por más.

Es un buen día para comenzar a sentir el maravilloso concierto que se viene. Cuando sales a disfrutar cada regalo que la compañía te hace, cada obsequio que te envía, cada nuevo viaje que te propone, lo haces porque puedes sumarte al concierto y no solo trabajar sino disfrutar de ser una mujer triunfadora, miembro de un gran equipo.

Distraída

Otra de las D que perjudican tu hablar, tu venta y tus resultados representa el estar distraído. Eso es lo mismo que una mente partida en mil pedazos. Que necesita volver a centrarse, a equilibrarse para poder hacer las cosas de una sola vez.

El caminar hacia el logro, el comprometerse con armar un equipo y el desarrollar un modelo de bienestar para tu gente, para tu organización y para ti misma requiere que no le permitas a la distracción ingresar a tu vida.

Y no hablamos de esos momentos en los que elijo jugar, o relajarme o ver una película. Nos referimos a estar con el cuerpo en un lugar y la mente en otro. Con las energías en una acción y el corazón en otra. Este tipo de distracción diluye el fluir y el influir.

Si tienes a alguien en tu equipo o tú misma estás en esa situación, podemos ayudarte, estamos comprometidos a hacerlo. Queremos que vendas más, que amplíes tu negocio, que puedas tener bella piel y bella vida, que puedas ser una posibilidad para cada uno de los que te rodean. Para eso creemos que el habla es una de las principales herramientas en las que puedo y debo trabajar. Para salir de la distracción debo poner la mirada en una sola cosa. O por lo menos, en una a la vez. Cuando vengan esa cantidad de pensamientos juntos que no sabes cómo hacer para llevarlos todos a cabo, elige tomar el primero. El enfoque y la quietud en el corazón nos ayudarán a que la distracción no pueda doblegarnos y sí poder comenzar a elevarnos hacia lo que elegí.

Estar *desmotivada*, *desconcertada* y *distraída* drena tus esfuerzos y diluye tu accionar. Para llegar a ser una mujer triunfadora es importante tomar conciencia de las áreas de tu vida en las que eso está sucediendo y decidir cambiarlo.

Cuando comienzo a ver lo que me falta, puedo empezar a reconocer la brecha entre lo que soy y lo que elijo ser; de ese modo nada ni nadie, ni siquiera estas tres D podrán detenerme.

CASO 1

De ejecutada a ejecutiva

Recuerdo un caso de una de ellas que, cuando escribió en su primer foro de presentación, contó cómo más que directora *ejecutiva* era una directora *ejecutada*.

Se había caído . . . Su equipo se disolvió y no podía encontrar la manera de subir. Pero en el fondo de su corazón era una mujer triunfadora. Vino ese día y me pidió si podía ayudarla a ganarse el premio de los 30,000.00 dólares. Era muy difícil. Su estructura era pequeña y le faltaba mucho trabajo, pero sus ojos lo decían todo. Ella tenía esa sed de triunfo que hace falta para ir por lo extraordinario. Le dije que sí y comenzamos a trabajar. Más de una vez en nuestras conversaciones, entrenándola, lloraba por no ver lo que tanto buscaba.

Quiero traer ese momento histórico de nuevo a mi mente. Nuestro campus virtual estaba abierto y llegó el primer mensaje. Todas las directoras tenían la opción de escribir allí acerca de ellas mismas, de donde venían y hacia donde iban.

Ella escribió:

> Realmente me siento un poco perdida . . . no sé si estoy escribiendo en el lugar correcto pero asumiendo que este es el foro de bienvenida y que aquí es que debo de escribir . . .
>
> Actualmente soy directora ejecutiva, o directora ejecutada pues es solo de título ya que realmente para esta posición se supone tenga dos directoras promovidas y en realidad solo tengo una.

Trabajo para desarrollar muchas líderes más, pues mi meta es ser directora nacional sin que pase este año y espero recibir de ustedes el apoyo y conocimiento que estoy necesitando para lograrlo.

Estoy lista para recibir lo que sé que de parte de ustedes será una bendición en mi vida. Fue mágico conocerlas. Gracias por la oportunidad.

El foro y sus comentarios me dejaron tieso. ¿Estaría hablando en serio? ¿O era una broma? Sabemos igualmente que el lenguaje no es inocente … Me impresionó su franqueza pero también su inmenso pedido de ayuda. Y estábamos dispuestos a ayudarla.

Ella era la primera de la compañía que se había ganado el carro en su país. Era una de las que más futuro tenían. Sin embargo, pensaba que era una directora ejecutada. Que las circunstancias, que la historia, que lo que sabía la detenía.

Muchas mujeres que llevan años en grandes organizaciones piensan en un momento que no lo lograrán. ¿Eres una de ellas? ¿También te sientes como una directora ejecutada? ¿Eres una de las que no desean serlo? Por eso la historia de esta mujer me parece tan fabulosa. Obviamente ya sabes el final. En menos de seis meses de escribir ese mail, se ganó el premio más importante que la compañía le había dado a alguien de su posición. En muy poco tiempo y con gran cantidad de situaciones, pasó no solo de ser una directora ejecutada a una ejecutiva, además se convirtió en una mujer triunfadora.

Inmediatamente le respondí. Sabía que comenzaba un camino que nos llevaría a lograr lo extraordinario:

Bienvenida al entrenamiento y una felicitación especial por la iniciativa de ser la primera en escribir en este foro Y sí, este es el lugar correcto para saludarnos, el «foro de bienvenida».

Lo bueno es que todas las personas que están haciendo el mismo estarán leyendo todo lo que pongamos. Nos alegra tu sentido del humor

9

en tu manera de presentarte. Aunque una de las distinciones que trabajaremos será ver cómo opera el lenguaje que no es inocente. Esperamos ayudarte a ser una orgullosa directora ejecutiva.

Queremos que sepas también que estamos comprometidos a asistirte hasta que llegues a ser directora nacional. ¿Lo estás tú? Si es así, seguramente mucho antes de lo que piensas festejaremos juntos . . .

En medio de todo eso, su madre enfermó. Me viene fresco a la memoria una llamada en la que se encontraba en el sótano de un hospital contándome que había pasado todo el tiempo cuidando a su madre y que desde allí trabajaba todo el día, que hizo muchas llamadas, que nada la detendría.

Fue durante los meses más difíciles, antes de la partida de su madre, que ella no se movió de su lado, que la cuidó, la protegió, estuvo con su progenitora. Tanto amor pareciera que no permitiría más que eso, sin embargo, logró mucho más. Y festejamos juntos . . .

Qué privilegio y qué orgullo fue ver a esas mujeres triunfadoras recibir 30,000.00 dólares de bono semestral por haber ido a lo extraordinario.

Cuando ayudamos a esa clase de mujeres no lo hacemos solo a las que seguramente lo lograrán, estamos ayudando a aquellas que no saben cómo lo lograrán, pero eligen comenzar a tocar la melodía del éxito en sus vidas, en su vocabulario, en su sentir.

Ella desfiló por la alfombra roja de las ganadoras. De miles de mujeres de la compañía, ella estuvo entre las decenas que tuvieron su cheque de 30,000.00 dólares en la mano. Lo consiguió. Porque comenzó a tocar el concierto de las triunfadoras, porque si necesitaba salir a llevar un producto lo hacía, porque si tenía que reclutar a alguien lo hacía.

No estaba solo escuchando sus conversaciones, sus problemas, la enfermedad o las circunstancias que la distraían, estaba escuchando esa voz interior que le gritaba fuerte: «Eres una mujer triunfadora. Nada ni nadie te puede detener en el camino al éxito».

Caminó por la alfombra roja con su premio en la mano. Un gran y fabuloso cheque de 30,000.00 dólares, pero más que todo el merecimiento de estar entre las decenas de líderes que lo lograron.

Empuje, obediencia, trabajo cotidiano, no dejarse llevar por las emociones, hicieron de esta mujer . . . una mujer triunfadora.

Esa es la música que queremos que escuches. Si alguna está desconcertada, debería preguntarse: ¿Qué música estoy escuchando? ¿A qué sirena le pusiste el oído que solo te llevó a perder de vista la posibilidad de triunfar?

De eso se trata este negocio. No es solo la compañía para la que trabajas. Ni siquiera se trata de aquella persona a la que quieres llegar.

Se trata de ti. Se trata de vivir diferentes opciones siempre para sentirte satisfecha. Y tú, ponle el número. Ponle el desafío. Ponle la cantidad de gente que deseas tener en tu equipo. Cuando eso hagas, como mujer triunfadora, elige empezar a vivir desde ese punto.

Capítulo 2

Triunfo se escribe con C

Para ser triunfadora hay herramientas y distinciones que tenemos que comenzar a incorporar y ver. No solamente saber, sino incorporarlas, ponerlas en el cuerpo. Que formen parte de mí y que yo pueda ver desde ellas.

Todas las mujeres que lo lograron entendieron que debían entrar en un proceso de trabajar su ser íntegro para llevarlo a nuevos niveles de entendimiento y de transformación.

En el camino descubrimos que hay distinciones concisas y especiales que todas tienen y que hoy te deletreamos. Si en la base del éxito empiezas a hacer propias cada una de estas, tendrás un alto porcentaje de probabilidad de llegar a la cima.

Las siete C con que se escribe triunfo deberían ser como un espacio en el que me pregunto: ¿Cuál he desarrollado? ¿Cuál me falta?

Comunicación

Debo elegir desarrollar una comunicación de tres vías. Con los que son mis superiores y les doy autoridad, con mis pares, las personas que están en mi mismo nivel de experiencia y con aquellas que entreno, que lidero, que influencio.

En el mundo de hoy, en nuestros hogares, en nuestros trabajos, en nuestra organización, ya no manejamos gente, manejamos acuerdos. Por eso es vital tu compromiso con la comunicación.

Tenemos que comprender que el hombre y la mujer somos seres lingüísticos. No fuimos creados para que solo dijéramos con el lenguaje lo que pasa, sino que también con él creemos lo que deseamos que suceda.

Debemos dejar de vivir en un mundo de suposiciones y entrar en el proceso de un mundo de conversaciones. Hay veces en las que no queremos conversar. El hacerlo demuestra el amor que tienes por el otro y el compromiso que tienes con tu negocio. El deseo que tienes no solo de triunfar tú sino que también triunfe el otro.

Compañerismo

El éxito está determinado por lo poderoso de tus relaciones. En el camino hacia la cima, hay que incorporar al compañerismo.

No lo puedes hacer sola. Es vital trabajar codo a codo y no a los codazos, y relacionarte con aquellas que están en el mismo espacio que tú.

Recuerda que cuchillo se afila con cuchillo, no cuchillo con cuchara.

No eres la única. Son miles y miles las mujeres que eligieron convertirse en triunfadoras y están caminando hacia eso.

Es satisfactorio juntarme con otras mujeres que deciden alcanzar la misma posición, que desean crecer, dejar las cargas atrás y convertirse en protagonistas de sus vidas.

Hasta el llanero solitario tenía compañía (Toro). Nada se puede hacer sola. Comparte, disfruta, pasa este tiempo de crecimiento como una aventura.

Carácter

Cuando estás llegando a fin de mes y todavía no logras las metas que te planteaste, eso no tiene que ver con dinero. Las mujeres triunfadoras desarrollan su carácter. Y esta es la buena noticia: que el carácter se puede desarrollar. Muchas salen al campo de la venta sin conocimiento de la vida, de principios para llevarla a cabo y sin haber trabajado su carácter.

En las sesiones de coaching de mujeres triunfadoras practicamos el paso por tres niveles. El primero es cuando tenemos que asistir a ayudarlas a coordinar acciones, a buscar logros, a diseñar los hechos que harán que puedan llegar.

Un segundo nivel más profundo es ayudarlas además a manejar su modelo de gestión a través de su carácter. Hay distinciones y herramientas que cuando se incorporan al diario vivir ayudan a forjar un carácter de líder y de mujer triunfadora.

Y un nivel más profundo, el tercero, cuando trabajamos los juicios maestros. Estos son aquellas valoraciones que te tienen. No que uno tiene, sino que te tienen. Allí buscamos reinterpretar para dirigirnos a un futuro poderoso.

Sin embargo, en el segundo nivel, más profundo que el de los hechos y las acciones, está el trabajar el carácter. Quizás todavía no llegaste a ser la mujer triunfadora que sueñas porque no te comprometiste a buscar ayuda en la formación de tu carácter. Y a pesar de todos los esfuerzos que haces, tú misma ves que no te alcanza. Si esta es la situación, bienvenida al primer día del resto de tu vida, en el que elegirás comprometerte a no solo cambiar tus acciones sino también a forjar tu carácter.

Una de las primeras herramientas que usamos para ayudar a las líderes y emprendedoras a convertirse en mujeres triunfadoras y tener un carácter influyente es llevarlas a recordar el día que «ingresaron a la compañía», los sueños y los pensamientos que te hacían volar para llegar lejos. Traer nuevamente esos pensamientos y comprometerte con ellos te ayudará a comenzar a modelar tu carácter a fin de prepararte para el éxito.

Una frase que me gusta mucho y que habla de aquellos que están no solo comprometidos con el resultado sino también con la transformación personal y de su equipo es: «Cuando las cosas se ponen duras, es cuando los duros comienzan a andar».

Es hora de levantarse. Grande y valiente no es el que no se cae. Valiente es el que se levanta. Es el que sabe que tiene el último minuto y que el partido está empatado y solo queda un último tiro y, sin embargo, pide la pelota. ¿Qué harías tú? ¿La pedirías o dejarías que otro lo hiciera? Una mujer triunfadora, de carácter, sabe que puede fracasar; pero está comprometida a ganar. Ella es la que siempre pide la pelota y la tira.

El carácter se forma. Uno no nace con carácter. Uno nace con una inclinación hacia una manera de ser u otra. Pero es tu responsabilidad forjarlo y buscar ayuda para hacerlo. El carácter se forma. Uno no se levanta tarde o temprano porque nació así. Hay costumbres culturales, maneras, que van forjando ese carácter.

Se ha formado un modelo mental que te ha hecho creer que así eres. Pero puedes trabajar eso. Y la manera de trabajarlo es con tus fortalezas. El carácter te va a llevar al éxito.

Las mujeres triunfadoras no nacen, se hacen. Hoy puede ser el día que te comprometas a ser la mujer triunfadora que sueñas ser.

Competencias

Una mujer triunfadora que emprende un negocio debe estar muy consciente de las competencias que tiene y las que adolece. Saber hacia dónde voy y qué necesito para lograrlo incluye también qué habilidades me faltan para conseguirlo. Empieza a preguntarte cuáles son las competencias que tienes y cuáles las que no posees. Júntate con tus líderes. Levanta el teléfono, envía correos electrónicos para generar los contextos y trabajar con eso de las competencias. Plantéate algo como lo siguiente: Conforme al diseño de donde quiero llegar . . . ¿qué competencias me faltan para estar allí?

En cuanto a aquellas que voy reconociendo que me faltan, pido ayuda para desarrollarlas. Nadie nace sabiendo. Pero todos nacemos con un propósito. Y el tuyo hoy es llegar a lo más alto. Allí donde están tus sueños. Allí donde está el tipo de vida que eliges para ti y tu familia. Allí donde está ese equipo que te acompaña. Ve por ello.

Cuando hablamos de competencias nos referimos a las habilidades que tienes para llevar adelante tus metas y objetivos.

Y no siempre son las mismas. No se hace todo de una sola manera.

En los años que llevo entrenando mujeres triunfadoras he aprendido que todas trabajan de forma diferente y todas son muy admirables. Busca tu modelo.

Sin embargo, hay una base para convertirte en una mujer triunfadora; y tiene que ver con comprender el concepto de belleza y buena vida, y dejar de simplemente vender producto y convertirte en una creadora de nuevos accesos para la gente.

Acceso a bienestar, acceso a buena vida, acceso a aquello que hoy no tienen y desean o necesitan y tú puedes proveérselo.

De ese modo seguro que buscarás seguir incorporando una manera de ser que te lleve al siguiente nivel.

Congruencia

Para llegar a ser lo que elegiste —una mujer triunfadora en cada faceta de tu vida y negocio—, muéstrales a tus clientes, a tu gente, a tu comunidad que eres una mujer congruente. Que tienes palabra. Que lo que dices lo cumples. Que eres alguien íntegra, que no tiene dobleces.

Puede sucederte que alguien te invite a cambiar por una circunstancia o cierto interés. Eso te quitará la congruencia que te lleva al éxito. Del mismo modo que hemos visto a muchas mujeres triunfar, hemos visto a otras que sucumbían presa de la incongruencia. Llevadas por miedos o por el cómo llego a fin de mes.

Cuando mantienes una línea coherente o congruente en tu modelo de crecimiento, la gente te va a querer acompañar, la gente querrá estar contigo. Y cuando eso suceda, te cansarás de recibir gente, de llenar nuevas órdenes de venta y nuevos reclutamientos. Porque a las personas les gusta rodearse de mujeres triunfadoras.

Es muy grato ver cuando la causa de los problemas cotidianos es el crecimiento y el aumento del equipo; y no el desconocer por qué el negocio no marcha bien. Si eliges seguir al pie de la letra lo que te estamos mostrando, seguro que tendrás un crecimiento genuino. Y si perseveras, tu congruencia se convertirá en un ejemplo para otros.

Compasión

Es poder ver lo que el otro no ve. Ustedes saben que el amor ve más pero también ve menos. Empieza a mirar a los demás por lo que pueden ser y no por lo que están siendo.

Elige estar dispuesta a levantar tus manos y que estén abiertas. La mano abierta es la que primero se llena. La mano cerrada no. Abre la mano y conviértete en una posibilidad para otro. Que nuestros equipos tengan tanta fortaleza que enorgullezca decir: «Yo formo parte de este equipo y de esta compañía».

El deterioro o la falta de crecimiento de personas interdependientes en una organización pujante no tiene que ver solo con los productos y los planes de compensación. Tiene que ver mucho más con lo que elegimos ser, cómo y hacia dónde estamos yendo y cómo incorporamos distinciones y herramientas para llegar a ser una mujer triunfadora. La primera belleza que necesita tu negocio es la del corazón. Luego viene todo el resto . . .

Confianza

Es lo que nos va a permitir cruzar todo tipo de puente. Pero no solo confianza en ti misma o en lo que estás emprendiendo, sino confianza como una manera de relacionarte con el mundo. Caminar por la vida sin confianza es como aquellas personas que van rígidas, tanteando, sin correr riesgos. Solo producto de su esfuerzo y empuje.

Y ese modelo no sirve para llegar a ser triunfadora. El tiempo de hoy requiere de ti más movilidad. Si tuviéramos que verlo desde la perspectiva del deporte, diríamos que el modelo de una mujer triunfadora no es el remo. ¿Se acuerdan?

Las acciones del siglo pasado son bien ejemplificadas por el remo. Había un líder dando vuelta que no miraba hacia el mundo exterior, sino que estaba enfrascado mirando a su gente y cómo ellos hacían fuerza. Él pensaba que a mayor coordinación, a mayor empuje, a mayor fuerza, se lograban mayores resultados.

Las organizaciones del siglo veinte vivieron así y tenían resultados, pero el siglo veintiuno cambió. El deporte de estos tiempos ya no es el remo, sino el surf. Alguien que elige pararse encima de una tabla, que no pone sus piernas rígidas sino flexibles, cabeza erguida, torso hacia adelante y dispuesto a cruzar ola tras ola, sabiendo que cada ola es diferente a la anterior.

No es que te preparaste para un modelo de ola y viene una diferente y tú dices: «Discúlpenme, yo no sé cómo llevar adelante esta ola. Solo sé correr olas de tres metros».

Un surfista jamás piensa eso. Está siempre listo, preparado y comprometido a enfrentar la ola que sigue, sin importar si es más grande o más pequeña, buscando agarrarla del mejor modo y dar lo mejor de sí.

Mientras que en remo caerse del bote es una desgracia, en surf se permite, forma parte del mismo deporte, en algún momento me caeré, lo sé, pero decido levantarme.

Si no tienes confianza, te pondrás rígido y te caerás de la tabla. La confianza es clave para mantenerte arriba. Que sea hoy el tiempo en que tengas confianza como la del surfista, arriba de la ola de las oportunidades y buscando progresar día a día.

Cuando te das cuenta y tomas conciencia de que has sido hecha con un propósito, que el siglo veintiuno está diseñado para las mujeres triunfadoras, que su deporte favorito es el surf, que este es tu tiempo, que tienes un equipo brillante alrededor, una empresa que confía en ti y que pone lo mejor que tiene para poder ayudarte, ese día te paras con los pies flexibles, con las manos extendidas, erguida, mirando hacia adelante y comienzas a correr olas extraordinariamente.

Eso es lo que se espera que puedas lograr luego de leer este libro y que te comprometas a llevarlo a la práctica cotidiana.

Las siete C del triunfo: Comunicación, compañerismo, carácter, competencias, congruencia, compasión y confianza

Incorporemos esto a nuestra vida y a nuestro equipo para diseñar un futuro poderoso. Ya que cuando diseño un futuro poderoso, tengo la gran posibilidad de aprender del proceso.

Algunas no diseñan futuro y solo viven el pasado. Cuando no tengo futuro, el pasado me aplasta. Cuando diseño futuro, aprendo del pasado.

Si hoy, en este mismo momento, me fijo la meta que me permitirá ganar ese bono, ese carro, ese ascenso, ese nuevo nivel, y comienzo a decírmelo y me comprometo con ello, seguramente iré aprendiendo de todo lo que me pase, porque sé hacia dónde ir. Incorporar las siete C del triunfo nos llevará a nuevos caminos de crecimiento y expansión.

¿Me falta o no tengo?

Comprendamos que al mirar hacia adelante, siempre nos preguntaremos lo que nos falta. Cuando miramos a los costados o para atrás, solo nos damos cuenta de lo que no tenemos. «Me falta y no tengo» parecen expresiones iguales, pero están a cientos de millas de distancia.

El plantearme: «No tengo», solo habla del ayer y del hoy. Sin embargo, decir: «me falta», habla de una persona que sabe hacia dónde va, que tiene un futuro declarado y que está tomando conciencia de la brecha. Hablar futuro, declararlo, no solo sirve para cambiar lo que está pasando, sirve para relacionarme poderosamente con lo que viene.

Las mujeres triunfadoras están constantemente ocupadas en lo que les falta. Y lo hacen sin problemas, con un corazón aguerrido que mira hacia el mañana. Así como son mujeres que ya no se preocupan por lo que no tienen. El «no tengo» ya no está en su lenguaje cotidiano. Y si me caigo y no me sale, no me quejo porque tengo futuro, porque sé a dónde quiero ir.

Hay que dejar de vivir en los limitantes de las circunstancias para pararse en los elevadores de las elecciones. Son caminos diferentes. Uno describe lo que pasa. Otro genera lo que quieres que pase. ¿En cuál de los dos te encontrarás?

Cuando miro hacia adelante mi manera de ser crece. Mi superficie se agranda. No porque ya lo haya logrado, sino porque voy hacia allá con firmeza. Eso te hace, desde hoy, una mujer triunfadora.

Recuerda . . . el triunfo se vive en la visión, en el compromiso, en la generación de nuevos espacios. No en las circunstancias.

Cuando pongo cada una de las C de las que estamos hablando al triunfo, cuando aprendo de los que lo están haciendo, cuando decido hacer de este día el primero del resto de mi vida, logro lo que quiero.

Y cuando te va muy bien y eres una mujer triunfadora ya no estás pensando cómo hacer para que te vaya bien . . . porque ya te va bien. Entonces te ocupas de ser una posibilidad para tu gente, para tu comunidad, para tu equipo.

¿Qué harías con tu vida y con tu negocio si todo te fuera bien, si no tuvieras ningún problema de dinero, o de gente en tu equipo o de ventas?

¿Qué harías?

Eso mismo es lo que debes hacer ahora, así llegarás a vivir con un gran equipo y alcanzando resultados extraordinarios.

CASO 2

Una docente con todas las letras

Este caso es uno de los que más me gustan. Se supone que en el mundo de las mujeres triunfadoras hay claves y fórmulas que las hacen triunfar, y que el hacerlas, ser persistente al desarrollarlas, te llevarán al éxito. Aunque es verdad que te llevan al éxito, muchas veces no sacan todo lo mejor de ti. Lo mejor saldrá cuando estés realizando lo que fuiste llamada a ser, ello combinado con tu persistencia en el hacer.

Ella es una gran líder. Impactante. Entradora. Con mucho lenguaje y de confianza para su gente. Con el paso de los años se convirtió en una motivadora excelente. Pero algo no llenaba su corazón.

Luego de muchos años liderando gente, cada día chocaba con la duda de si era una gran motivadora o no. Intentaba hacerlo como aprendió con grandes mujeres, pero no le salía. Había triunfado durante mucho tiempo, pero eso no le producía satisfacción.

Cuando comenzó su proceso de coaching tenía que esforzarse mucho por llevar adelante a las más de mil mujeres que tenía en su equipo. Pero comenzamos a ver la importancia de descubrir quiénes somos para luego elegir quiénes queremos ser.

En medio de las sesiones íbamos sacándole el velo a esa líder maravillosa a la que por sobre todo le gustaba enseñar el negocio a otras. Qué bien lo hacía. Cómo lo disfrutaba. La clave fue no solo hacerlo y hacerlo. Sino serlo. Y lo que la hacía diferente era su constante ánimo de enseñar.

Una mujer triunfadora que sacó lo mejor de sí. Los dones que venían con ella en pos del resto. Que hizo cada cosa como dice el manual. Pero también hizo lo que sus talentos le indicaban. Hoy no solo es una gran líder. Es también una brillante formadora de líderes.

Usa tú también tus talentos y verás cómo tu potencial se manifiesta; cuando sale lo mejor de ti, todo se acomoda. Fluye e influye, a través de lo que eres y desarrollando lo que decides ser.

Capítulo 3

Define tu identidad pública

Hay algunas mujeres que desean llegar a ser triunfadoras y que trabajan persistentemente con su imagen. Pero muy poco con su identidad. Hay una gran diferencia entre imagen e identidad. Algunas se preocupan por qué van a decir los vecinos si me ven salir así.

Pero el punto no es solo la imagen. Empieza a preguntarte si puedes construir lo que quieres ser. ¿Son mis problemas tan grandes que no me lo permiten? No. Tú puedes construir lo que quieras. ¿Quién quieres ser? Es una buena pregunta para este día. ¿O eres un signo de interrogación? ¿O solo estás contenta cuando el medio ambiente o la suerte cósmica hacen que tengas resultados? Puedes construir lo que quieres ser. Y debes hacerlo. Porque difícilmente has de llegar al lugar al que no elegiste ir.

Identidad es mucho más que imagen. Algunos andan por la vida y, en vez de producir temprano, lo que hacen es ponerse una máscara, una careta. Respecto a eso, debemos saber que la palabra hipocresía significa: aquel que tiene una careta puesta. Ya la careta no sirve. La gente se da cuenta de que es una careta.

Identidad es más que imagen. Tenemos que empezar a tener una identidad de amor, una identidad de pasión, una identidad de entrega.

En mi libro *Otra oportunidad*[1] escribí lo siguiente:

¿Es tu nombre Bond, James Bond?

¿Qué pasaría si cada vez que te presentaras esta semana dijeras: Mi nombre es Bond, James Bond? A algunos les causaría gracia, otros te mirarían sorprendidos, pero todos sabemos que Bond no es un nombre más. Implica riesgo, agente del servicio secreto, tiros, balas, siempre indemne, aventura, éxito.

El nombre Bond tiene toda una identidad. Aunque no sucede lo mismo con la mayoría de los nombres. Llamarse James Bond es ser alguien especial. El nombre por sí solo genera la identidad pública de la persona en cuestión. ¿Sucede lo mismo con tu nombre?

¿Cuál es tu nombre?

Quiero invitarte a que te preguntes: ¿Cuál es tu nombre? ¿Cuál es tu identidad pública? ¿Es la queja tu identidad pública? ¿Es perfección tu nombre? ¿Buscas la perfección en todo? ¿Eres de aquellas personas cuya identidad pública es la crítica? ¿Eres de aquellos que siempre tienen un pensamiento a mano para quejarse de cualquier cosa, de cualquier situación, de cualquier instancia, de cualquier persona? Porque conforme a tu nombre, a tu identidad pública es como te conocerán en el mundo.

Introdúcete en tu nombre

¿Eres de esas personas que salen a la vida mirando todo desde la angustia? Porque desde allí difícilmente la vida pueda cambiar.

Es hora de que dejes de decirle a Dios el gran problema que tienes. Es tiempo de decirle al problema el gran Dios que vive. ¿Es la envidia tu identidad pública? ¿Es ciclotimia tu nombre o acaso murmuración? ¿Cuál es la identidad pública que eliges tener para con los demás? ¿Es tu nombre iracundo? ¿Piensas que el enojo es parte de tu vida y que no puedes cambiar porque naciste así?

Después no te quejes cuando el resto de la gente ya no esté a tu lado o cuando estés en necesidad y no haya nadie que te ame, o cuando tú mismo quieras amar a alguien y no haya nadie a quien brindarle amor. ¿Cuál es tu nombre? ¿Vulnerabilidad, doble ánimo o castigo? ¿O es poder u oportunidad? ¿O posibilidad o misericordia? ¿O es amor o dulzura? ¿Es entrega tu nombre?

Confórmate a la identidad de tu nombre

Hoy es el primer día del resto de nuestra vida y podemos elegir el nombre con el que nos vamos a presentar en sociedad. ¿Cuál elegirías? ¿Qué pasa si hoy eliges que tu identidad pública sea la entrega? ¿Si eliges que ante cada problema dejarás de ver el peligro y empezarás a ver la oportunidad? ¿Y te presentas ante la circunstancia diciéndole: Hola, aquí llegó «Oportunidad»?

¿Qué pasaría si eliges que tu nombre sea siempre posibilidad? Así estarás con el otro en cualquier situación. Pregúntate qué pasaría si en este día optas porque tu identidad pública, el documento de tu corazón diga: «Juan dulzura, José entrega o Carlos amor». Si fueras oportunidad ... ¿crees que la gente no iría a ti buscando una oportunidad que no ve? ¿Crees que no tendrías un espacio nuevo?

El destino está en tus manos. Puedes elegir ser un grande y desarrollar una identidad pública poderosa. Si hasta ayer tu identidad pública fue silencio o crítica, que hoy sea hora de ser «servicio». ¿Qué elegiste ser? Quizás hoy es tu momento para elegir ser una posibilidad para otro.

¿Qué pasaría si eliges ser amor? ¿Cuántas cosas que hoy estás viendo, cuántas conversaciones en lo profundo de tu ser dejarían de existir, desaparecerían o simplemente se esfumarían?

¿Qué pasaría si hoy eliges ser perdón? A esa persona que se te presentó en tus pensamientos, que hace tanto no perdonas . . . ¿Qué pasaría si levantas el teléfono y le dices: «No hablemos de la historia, hoy elijo ser perdón y quiero que sepas que te perdono»?

Todos sabemos que Bond más que un nombre era una identidad. Pasaron varios Bond por el personaje y a todos se los veía de la misma manera. Personas que todo lo podían y que vencían al enemigo.

El éxito no es solo un resultado, es parte de un proceso. Cuando eliges llevarle belleza y buena vida a la gente no es solamente un evento que sucede y listo, sino un proceso constante.

Un proceso en el que empiezo a entender de manera diferente. En el que me entreno y capacito en lo que hago para convertirme en una experta que brinde acceso a miles. El proceso significa que estás dispuesta a ser «entrega» para esa persona, a acompañarla en el proceso, porque deseo que se vea bien. Que se vea espléndida.

Y el proceso empieza por mí y mi propio cuidado. Si yo no lo hago conmigo, ¿Por qué los demás lo harán con ellos? ¿Por qué piensas que el resto te creerá?

Si vives amargada, meditabunda, cabizbaja, preocupada, sin sonrisa y esos son tus nombres y tu identidad, difícilmente puedas llevar al mundo al siguiente nivel. Por eso estamos aquí. Y me alegra que tengas este libro en tus manos. Para que juntos podamos desarrollar una identidad de éxito. Para que podamos caminar hacia el logro extraordinario y que te conviertas en una mujer triunfadora que le lleve belleza y buena vida a la gente.

Y en el camino de este proceso me pregunto: ¿Identidad o imagen? ¿Puedo construir lo que quiero ser? ¿Tiene que ver mi identidad con mi ser o con mi hacer? Identidad es mucho más que imagen. Tiene que ver con mi manera de ser. La mujer triunfadora tiene cinco signos para el fortalecimiento de su identidad pública. Que cada mujer que ayuda en el embellecimiento de otras pueda fortalecer su identidad con igual esmero y pasión.

No estás siendo

Es muy bueno saber que soy un ser en formación. Algunos creen que han venido a la vida de una manera y que la misma no es cambiable. Que solo puedo descubrir quién soy para aceptarme.

Te dicen: «Yo me enojo en estas situaciones». Lo que te están diciendo es: «Yo no deseo cambiar». Otros te dicen como que no hay posibilidad. Eso le han hecho creer a mucha gente. Y hoy ya sabemos que no es así. Hoy no soy, estoy siendo.

No vienes a la vida a descubrir quién eres, sino a diseñar quién quieres ser. Que no importa lo que sucedió hasta aquí, puedes cambiar tu manera de ser. Si alguna cosa no logré es que puedo incorporar la manera de ser que necesito para llegar al lugar que deseo ir.

Eliges, no decides

Decidir es sopesar todas las circunstancias externas y ver cuál es la mejor opción a tomar. Decidir tiene que ver con lo exterior. En cambio, la elección tiene que ver conmigo. Pase lo que pase afuera, yo sé qué acción voy a llevar a cabo. Qué voy a hacer con lo que tengo dentro. Decidir tiene que ver con todo lo que pasa afuera. Elección tiene que ver conmigo. Decisión tiene que ver con las circunstancias.

Mucha gente fracasa porque solo vive decidiendo. Muchos fracasan porque viven decidiendo. Elige y hazlo. Me fue mal con esto y con lo otro, por lo tanto hago esto. Soy un ser en formación, puesto que puedo cambiar y transformarme.

Constantemente decido. Hay momentos en que estamos en situaciones que tenemos que buscar nuevas acciones porque actuamos conforme a las circunstancias, pero siempre en base a las elecciones con las que nos comprometimos.

Si sabes a dónde ir, tu identidad se va a alinear con eso

La visión hace del pasado un espacio de aprendizaje y de las razones recursos para llegar. Ya no me importa si tuve razón ayer. Uso todo. Aprendo de las equivocaciones y capitalizo las áreas donde fui certero. Porque sé adónde ir. Y aprendo del pasado, levantándome consciente de que espero de este día maravilloso y todo lo que trae.

Si yo sé a dónde voy, mi identidad se alineará con ello.

¿Pasa lo mismo contigo? Si no es así, hoy es una buena oportunidad para elegir hacia dónde quieres ir. Ocurre muy seguido con mujeres que tienen todas las posibilidades de ser triunfadoras y terminan en un costado del camino hacia el éxito. Solo porque esperan que otros les digan a dónde ir.

Aquí trabajaremos la manera de ser de una mujer triunfadora, qué tiene que incorporar y qué debe dejar de lado. También trabajaremos el modelo de hacer de una mujer triunfadora. Pero la visión, a dónde ir, te corresponde a ti. Tú eliges tu futuro. No esperes que nosotros te lo traigamos. Debes elegir a dónde quieres ir. Cuando eso suceda, tu identidad se alineará con esa visión, con ese modelo, con la mirada hacia donde elegiste ir.

Júntate con los que van hacia el mismo lado

Dime con quién andas y te diré quién eres. No te juntes con los que van hacia atrás, que no tienen una vocación de servicio ni una pasión por los que están haciendo algo. Reúnete con los que deseen hacer de esto una profesión que ayude y bendiga a miles y que te lleve a ti al siguiente nivel. No te juntes con el que vive viendo lo que no se puede hacer o que se queja de todo. Relaciónate y habla con aquellos que quieren ir a un lugar poderoso.

En tu identidad pública podrás ir trabajando con los que están yendo hacia el mismo lugar. Así debes hacerlo.

A veces el quedarse con personas que no desean avanzar o que solo miran hacia el pasado no te ayudará a fortalecer lo que eliges ser. Mucho peor aun si son aquellas personas que viven en la envidia o hablando mal de todo el mundo. Aléjate de ellas. No serán buena compañía. A mí me costó entender ese dicho: «Dime con quién andas y te diré quién eres. Más de una vez me he juntado con personas que solo se miraban el ombligo con el deseo de ayudarlas. Pero a veces ese tipo de gente cercana a ti y a tu familia es perjudicial. Ayúdalas, pero que no estén dentro de tu medio. Sé una posibilidad para ellas, pero no con quienes te juntas a pasar tiempo. Y verás cómo estarás mucho más enfocada y alineada cuando estás con la gente correcta.

Entiende que adversidad es igual a oportunidad, aprendizaje, fuego intenso, nuevos horizontes

Pareciera que uno vive tratando de salir de la adversidad. Que no deseamos ni pasar un minuto en ella. Sin embargo, esos son espacios que nos servirán para el fortalecimiento de nuestra identidad pública. La adversidad es una nueva oportunidad para ir por más. Para desarrollar un espacio más grande que el anterior. En la adversidad uno siempre es pasado por fuego. Y el fuego mata. Pero también purifica.

Debemos dejar que el fuego saque todas las imperfecciones del ayer y que nos perfeccione para el diseño que deseamos del mañana. El fuego quema la hoja y modela el oro. Puedo vivir en medio del fuego. Preguntarme qué debo aprender, cómo me fortalece para el futuro y que más suma esta adversidad que me permita poder llegar a ser pronto una mujer triunfadora.

Pero también considera que . . . la adversidad ha hecho a muchas mujeres egoístas, quejosas y murmuradoras. Mujeres que se hunden en medio de sus emociones. Mujeres que pierden sus equipos por no interpretar poderosamente la adversidad. No permitas que eso te suceda. Aprende de la circunstancia. Rodéate de la gente correcta y ve hacia ese futuro en que estás eligiendo seguir creciendo y no detenerte.

La adversidad nos lleva a nuevos horizontes. Difícilmente se pueda llenar un vaso lleno. Normalmente se llena uno vacío. Y si estás en una adversidad es un buen momento para llenarlo.

Si empiezo a elegir que estoy siendo y no simplemente que ya soy, que elijo y no decido; que si tengo claro a dónde voy me alinearé con eso; que me junto con quienes van hacia el mismo lado y que persevero ante la adversidad; te puedo asegurar que estamos en el comienzo del camino a ser una mujer triunfadora.

Para recorrer ese camino y llegar a ser una mujer triunfadora debes definir tu identidad. Toma en cuenta cada uno de estos consejos.

Son de esos que uno da antes de la largada, antes de comenzar un partido, antes de empezar tu obra. Luego será más complicado seguirlos.

No te desmotives, no te distraigas, no te desconciertes. Usa cada una de las C que vimos en el capítulo anterior y desarrolla una manera de ser que se comprometa con una identidad pública de éxito.

Que puedas caminar por la calle y decir: «Mi nombre es Bond, James Bond». O dicho en términos de lo que hablamos: «Mi nombre es Mujer de éxito, mujer de triunfo».

Capítulo 4

Habla poderosamente mientras sigues ampliando tu equipo

Para vivir dando acceso a belleza y buena vida hay que manejar bien los tiempos, y ser muy serio con uno mismo en esto. En la medida en que sea serio conmigo comenzaré a ser serio con los demás. Y esto no es poner un rostro adusto y perder la sonrisa. Es tomarme en serio. Es que cuando me propongo algo lo cumplo no por el resto, sino por mí. Y lo mismo con el resto. Si comienzo a ser serio conmigo, lo seré con los otros.

Estamos en un tiempo especial, en el que buscamos hacer crecer nuestro equipo mientras generamos el volumen que necesitamos tener.

Tú eres una empresaria. No eres una mujer que simplemente vende algo por aquí o por allá. Empieza a verte desde lo que eliges ser, desde tus compromisos, desde el futuro que estás construyendo y cuando menos te des cuenta todo eso vivirá constantemente contigo.

Si solo te permites hacer eso mientras todo lo demás, o todos los demás usan de tu tiempo, de tus talentos, pero por sobre todo de tu permisividad (porque algunas lamentablemente confunden amor con permisividad) no podrás llegar a tomarte en serio.

En esta nueva etapa que te convierte en una mujer empresaria triunfadora debes tomarte en serio. Es día de comprometernos a ser serios y organizados.

Pero primero debo ser seria con la manera en que me trato a mí. Que sea de una manera poderosa. No podemos estar conforme a circunstancias, conforme a situaciones, conforme a adversidades. Debemos ir más allá de ellas.

En una oportunidad estábamos dando un *webinar*[1] para una organización multinacional. En el mismo había unas 800 mujeres emprendedoras y pujantes de diferentes ciudades de los Estados Unidos. En una de esas ciudades la energía eléctrica se interrumpió.

Casi 100 personas eran de allí. Vimos de repente cómo iban desapareciendo una por una del campus online. Seguimos con el *webinar* creyendo que no volverían. Ese apagón era una excelente excusa para seguir con otra cosa. Sin embargo, la mayoría de ellas buscaron un generador, buscaron cómo resolver el problema y volvieron a conectarse al webinar.

Y quiero decirte que eso no es lo normal. Solo las mujeres triunfadoras lo hacen. Muchas se quedan a la espera de que otros les solucionen la vida, la luz, el futuro. Cuando vi cómo volvían una a una a conectarse, tuve una tremenda emoción. Sabía que estábamos sembrando en buena tierra.

¿Cómo construyo una manera de ser poderosa y con resultados constantes y en crecimiento?

Para llegar al lugar que nunca fuiste, debes reconocer la necesidad de construir una manera poderosa de ser y que tus resultados sean constantes. Estamos eligiendo cambiar nuestro medio ambiente. No somos solo vendedores. Somos personas que elijen influenciar su comunidad.

La gente necesita estar bien y para eso debe verse bien. Cada uno de los productos a los que les damos acceso es para mejorarse, mejorar su comunidad y mejorar su calidad de vida.

Por eso las mujeres triunfadoras que llevan belleza y buena vida a sus comunidades tienen una tarea más allá de estar vendiendo un producto o armando un negocio. Es un compromiso social. Verse bien es clave para toda mujer en el mundo de hoy. Y todos sabemos que la belleza es más que lindura. Estamos hablando de que se nota tu cuidado personal, por ti y los demás.

¿Creen que un marido verá igual a aquella que se desloma todo el día y anda sin arreglarse, sin peinarse, sin cuidarse, que a la que le dedica tiempo a su belleza, a su cuidado y por eso también con su ejemplo es lo que le enseña a cada persona que tiene alrededor?

Una sonrisa en el rostro de una mujer con hermosa piel y bella vida es un futuro prometedor asegurado. Y un paso seguro de que todos te pregunten qué es lo que tienes que te hace tan linda, tan especial . . . y que puedas llevarles a ellas y a ti también, no solo bella piel, sino también bella vida. Es maravilloso poder ver cada mes las nuevas personas que se suman a tu red, que empiezan a participar, que se suman como un socio, como un *partner*, como alguien que te acompaña en este proceso. Sin embargo, con toda esta gente ¿cómo construimos esta manera de ser poderosa y con resultados constantes y en crecimiento? Esta pregunta lleva un énfasis especial, palabra por palabra.

Poderosa

Hablar de poder significa «capacidad de hacerlo». No solo desearlo sino estar tan bien comprometidas con el futuro que nos preparamos para ello y actuamos en consecuencia.

Necesitamos ser de una manera poderosa para llegar a todo aquel que deseamos llevarle la oportunidad de tener bella piel y bella vida y que la gente pueda decir: «Yo quiero tener lo que tú tienes». ¿Qué es lo que haces para ser lo que eres? ¿Para que las cosas te salgan de ese modo?

Resultados constantes

Estamos en un tiempo en el que elegimos seriedad y organización, y no solo constantes sino en crecimiento. Si empezamos a elegir hablar de una manera diferente, vamos a diseñar un espacio que nos ponga en ese crecimiento constante. Necesitamos tener una estrategia, una capacitación, una manera de entrenar a nuestra gente, todo eso se puede. Y no solo se puede, es fabuloso tener la posibilidad de ser una oportunidad para nuestra gente, nuestras familias, nuestra comunidad. Para que así suceda hemos desarrollado algunas claves para que seas una mujer triunfadora en un negocio poderoso y con resultados constantes.

1. El lenguaje se manifiesta a través de tu lenguaje verbal, emocional y corporal

Hoy es un buen día para comprometerte a ser una de las mujeres triunfadoras que logran sus metas, no solo eso, sino también que las superan. Volviendo a nuestro ejemplo del remo y el surf, para ser poderosa tienes primero que cambiar el paradigma. Dejar de remar en cuanto al proyecto de vida, al proyecto de negocio y subirte a la tabla sin importar lo alto de la ola.

¿Eres de la que están remando de espaldas a la meta y a los gritos bien fuerte? ¿Eres de aquellas que viven diciéndoles a sus remeros cada paso que deben hacer? ¿Eres de las que creen que cuanto más remo, más fuerza le pongo, más grito, más me tenso, es cuando más rápido voy a llegar a la orilla? Si ese es el caso, bienvenida al primer día del resto de tu vida. Bienvenida a la posibilidad de disfrutar lo que haces porque eliges construir una manera de ser poderosa y disfrutar de lo que haces.

Muchas mujeres son bellas en cuanto a su ánimo de construir y de relacionarse. Pero lo hacen bajo paradigmas del siglo pasado, que terminan cansándolas o distrayéndolas. ¿Has escuchado alguna vez a alguna de ellas decir: «Este negocio no es para mí. Nunca lograré tal objetivo? Porque toman conciencia de que con el modelo de empujar y empujar, gritar y gritar, y decirles a los remeros lo que desean que hagan no sirve ni alcanza.

Conversaba recientemente con una líder que lleva muchos años desarrollando acciones en el modelo de dar belleza y buena vida a la gente. Y veíamos cómo en los últimos años el pensamiento acerca de la motivación y del descuento como principio y fin de una conversación estaba caducado. Hoy ya el remo no alcanza. El motivar no alcanza. El ser personas que inducen a la compra del último día del mes no alcanza.

El mundo de hoy necesita de personas que salgan de esos paradigmas antiguos. ¿Cuántas conoces que salen a la vida a remar con ella, cada día, que empiezan temprano llevando los chicos al colegio y desde allí no paran; y llegan a la noche con los brazos cansados, sin fuerzas? Hoy hay nuevos paradigmas basados en la relación, en estar presentes, en ser un presente; que cuando tu lenguaje emocional, corporal y verbal lo manifiesten hace que tus equipos se engrandezcan y tus clientes se fidelicen. Lo que necesitas es estar bella, seria, organizada y subirte a la tabla de las oportunidades a fin de poder creer y desear que las olas que vengan sean unas más grandes que las otras y surfear.

Una mujer triunfadora que vive «bella piel y bella vida» no rema, surfea. El surfista disfruta de la flexibilidad superior de la tabla. De poder pasar cada una de esas olas. Uno sabe que cada ola que viene es diferente a la anterior y no se preocupa por eso. No anda llorando por los pasillos diciendo: «Solo me capacité para un tipo de olas», sino que además dice: «Estoy bien contenta por esta opción de tener una ola más grande».

Lo que te llevas en este libro es la tabla de surfear. Esa tabla en la que te tienes que subir porque es tu manera de ser. Es trabajar tu lenguaje verbal, tu lenguaje corporal, tu lenguaje emocional. Hay mujeres que conocen todas las técnicas. Saben todo lo referente a darle acceso a belleza a la gente a través de diferentes productos, reuniones, encuentros con el cliente. Conocen hasta los tonos y gestos que deben realizar cuando llaman a un cliente. Pero a la primera ola más grande que lo que conocen, que lo que imaginan, se dejan caer al agua y piden que alguien las lleve de nuevo a la costa.

Si tus emociones te tienen a ti y no tú a tus emociones, solo vas a hacer lo que ellas digan. Elevarnos, intervenir en nuestras emociones, desarrollar procesos en los que nos relacionemos genuinamente con el otro será un comienzo maravilloso si es que te subes a la tabla. Lo interesante es elegir ir a surfear en medio del mar y creer que una ola muy grande es la posibilidad que tenemos y el desafío de aprender que estas emociones me ayuden para poder ir cada vez más lejos.

Cuando tengo una visión poderosa y sé hacia dónde quiero ir y estoy siendo flexible encima de la tabla, seguramente disfrutaré de cada paso. Al ir por la ola más grande, generaré nuevas integrantes en mi equipo, nuevas líderes, un desarrollo más poderoso. Y en pleno oleaje voy a vender más, en medio de las olas mi equipo va a crecer.

Mas cuando me dé vuelta en este nuevo modelo veré que llegaré mucho más alto, más lejos y más rápido. Eso me permitirá ir por el extra.

El mundo ha cambiado. Siento mucha pena cuando escucho a líderes que siguen remando en el mar de la motivación echarle la culpa a la compañía, al plan de compensaciones, a la pasividad de la gente, cuando es poca inclinación a aprender. Hoy la mujer triunfadora es relacional, anda sobre la tabla y disfrutando cada día. Generando acciones cotidianas que den congruencia mensual.

Las mujeres triunfadoras siempre van por la milla extra. No vas a escuchar a ninguna que se quede con los mínimos o con lo que les plantearon, o con lo que los demás esperan de ellas. Siempre son protagonistas de más . . . Más equipo . . . Más números . . . Más crecimiento . . . Más olas.

Ser protagonistas en cuanto a relacionarse y pasar la oportunidad es su manera de ser.

CASO 3

Soy quien elijo ser

Me viene a la memoria una dama que me contaba cómo había llegado hasta la casa de una mujer que sabía no tenía un céntimo para pagarle ningún producto. Pero igual eligió ir. Abrió su maletín y le fue probando uno a uno cada poción que la haría más bella.

Luego de dos horas, la mujer brillaba rozagante. Casi estaba por irse cuando la miró apenada y le dijo: —No tengo dinero para comprarle nada, pero le estoy muy agradecida.

—Hace años que no me sentía tan bella.

Mientras ella terminaba de decir esas palabras, de otro cuarto se escuchó:

—Abuela.

—Qué linda estás. Me encanta verte así.

La mujer que entró miró a la líder con una sonrisa y corrió a abrazar a su abuela. —Tienes que tener mucho más que todo eso.

Quien me contó la historia me relataba el final mientras de su rostro caían lágrimas de emoción.

—Solo fui a bendecirla y salí con cuatrocientos ochenta dólares de venta que la nieta compró para su abuela.

Jamás pienso en el esfuerzo sino en la posibilidad de la nueva experiencia. En la ola que pasaré, con mis piernas flexibles, mirando hacia adelante, erguida, sin mirarme el ombligo, sin mirar para atrás, sin mirar a los costados.

La mujer triunfadora es la que siempre va por lo que esté delante. Si hasta aquí creías que eras una mujer triunfadora y no lo estabas logrando, no veías los resultados, el remar te estaba cansando con el equipo, hoy es el primer día del resto de tu vida.

¿Puedes empezar en este mismo momento a subirte a la ola?

¿Te caerás? ¡Seguro! ¿Más de una vez? ¡Seguro! Pero será una sensación indescriptible cuando dejes de estar preocupada por la gran ola y en vez de eso te apasiones por la gran ola. A los que buscan poco movimiento, las grandes olas los incomoda; a los que buscan grandes desafíos, las grandes olas les apasionan para poder atravesarlas. Hoy es el día para los grandes desafíos.

Para esto tienes que empezar a trabajar tu lenguaje emocional y tu lenguaje corporal. La corporalidad del siglo veintiuno es erguida, mirando hacia adelante, con los brazos abiertos y las manos extendidas. Pruébalo. Párate delante de un espejo y ponte bien erguida, mira hacia delante y abre bien tus brazos y tus manos. Luego lleva eso que has hecho corporalmente a tus emociones, a tus relaciones. ¿Cómo sería tu relación familiar si estuvieras con la misma actitud que tienes cuando generas esta corporalidad? Pregúntate también cómo te describirías corporalmente en tus relaciones de hoy. ¿Te encuentran de brazos caídos? ¿Te encuentran con los brazos y puños cerrados hacia adelante? ¿Cómo te encuentras? ¿Y qué pasará si tu gente, tu futuro, tu vida te encontrara con la corporalidad del siglo veintiuno? Ese modelo te ayudará a convertirte en una mujer triunfadora.

La mujer que mira hacia adelante es aquella que está confiada en el futuro que está viniendo. No solo con el lugar adonde va, sino de la visión que tiene al ir hacia el mismo. Haz memoria (si eres madre) del cumpleaños de alguno de tus hijos o el día que alguno de ellos se casó. Los preparativos siempre están pendientes del gran momento, del futuro que se vive en el presente. Uno vive cada momento con la emoción de lo que viene. Así debemos vivir en cuanto a nuestras metas y nuestros sueños.

Es hora de tener una corporalidad tipo cabeza erguida, como Dios nos diseñó. Algunas solo andan por la vida con la cabeza mirando el piso o hacia atrás. O peor aun, con la cabeza hacia los costados. Mirando como los otros. La mujer triunfadora es aquella que se repone de la adversidad, que aprende de ella, que tiene un futuro tan grande entre manos que su mirada siempre va hacia ese lugar.

No deja pasar un momento en que hable de su futuro, piense en su futuro, camine hacia su futuro. La cabeza erguida no es un capricho de Dios, es un emblema de su deseo para ti. Camina, hija, camina, aprende del pasado. Es como si te estuviera diciendo al oído: Camina... tienes más futuro que pasado.

Cuando comprendo que esa es la mejor manera de relacionarme corporalmente con la gente, puedo entender que no solo es poderosa para recibir, sino que es la que más me predispone para dar. Las mujeres triunfadoras que conocí son mujeres que abren sus brazos en busca de otras manos, que estiran sus manos en busca de otras vidas y que no están con el puño cerrado tratando de guardar lo que tienen sino con mano extendida. Esa manera de dar también es la más grande para recibir.

Cuando conoces mujeres que facturan en grande, cuyos cheques son en promedio 20,000.00 dólares, te das cuenta de que fueron mujeres que todo el tiempo dieron y pasaron la oportunidad. No ves que sus corporalidades sean de mujeres caídas y con puño cerrado, todo lo contrario. También vi aquellas que no pudieron crecer o cuyo equipo se les desmoronó buscando que todo lo que tenían no se perdiera y cerrando sus brazos para no compartir su vida con nadie.

Entiendo que el abrir los brazos te lleva a la peor de las emociones... que te conozcan. Cuando uno está con sus brazos cerrados y sus puños cerrados nadie sabe que hay en ti ni dentro de ti. Pero cuando estás con los brazos abiertos descubres tu corazón. Y pareciera ser que exponer el corazón en estos días es un problema. Sin embargo... las mujeres triunfadoras abren sus brazos a pesar de correr el riesgo que te den en el corazón.

Profundicemos más acerca de la mano abierta. Las mujeres triunfadoras abren sus manos. La Biblia misma dice que es más bienaventurado dar que recibir. ¿Por qué? Porque cuando estás dispuesto a dar, es cuando recibes. ¿Por qué dos personas que hacen lo mismo tienen resultados diferentes? Porque la clave no está en la acción sino en cómo me relaciono con la acción. ¿Cómo está mi lenguaje? ¿Cómo está mi emoción? ¿Cómo está mi corporalidad?

CASO 4

Aprendiente y siempre abría sus manos

Una de las mujeres triunfadoras que conocí, tuvo éxito como pocas. El primer día que llegué a la compañía me la presentaron. Era una de esas líderes que marcan diferencia y hacen historia. Miles de mujeres se enrolaban con ella y millones de dólares se facturaban a través de su red.

Mi primera impresión no solo fue muy buena, rápidamente pude observar por qué era una mujer triunfadora. No importaba lo grande del problema, siempre le contestaba con una sonrisa. Estábamos en un evento con mi esposa Laura y allí fue cuando tuve el gusto de saludarla a ella y a su esposo.

En poco tiempo empezamos a tener sesiones de coaching personal. Mi experiencia con ella me hizo saber que para ser una mujer triunfadora debes estar constantemente regresando del futuro.

Liderar miles de personas implica tener un carácter fuerte. Quizás a muchos no les guste que así sea. Pero si me enfoco en construir siempre estaré pendiente de lo que hay que hacer y no de lo que no se hizo.

Fue sorprendente lo fabulosa que era ella en cuanto a convertirse en una gran aprendiente. Cuando hablamos sobre los actos lingüísticos y sobre las herramientas del lenguaje, en poco tiempo lo incorporó y comenzó a transmitirlo a otras. Podía soltar con facilidad lo viejo para adherirse con grandeza a lo nuevo. Y en cuanto a su relación con la gente, aplicaba uno de los principios básicos de una mujer triunfadora.

Ella podía elegir cerrarse, hacerse inexpugnable y que nadie pueda saber de ella. Sin embargo, cada vez que la vi delante de miles de mujeres abría sus brazos. Quizás alguna situación días antes le hacía cerrarlos, pero ella elegía igual abrirlos. La corporalidad de sus brazos abiertos es basada en el compromiso con el otro, en la entrega, no en el intercambio, en hacerte disponible, no en que los demás estén para ti, sino tú para ellos. Es un modelo de contacto con todo lo que te rodea, que te hace fluir, que te hace sentir al otro y disfrutar de lo que el otro tiene para ti.

Porque algunas mujeres no llegan a ser triunfadoras a pesar de saber todos los productos, todas las técnicas, todos los pasos de la venta, todos los secretos de cómo organizar su negocio. Simple... porque ser una mujer triunfadora requiere de ti que los demás puedan ver tu corazón.

Ella fue para mí un claro ejemplo de vivir con los brazos abiertos y visionar constantemente para diseñar lo que otros todavía no pueden ver.

2. Hacer preguntas poderosas

No basta con hacer preguntas, sino que las mismas deben ser poderosas. La pregunta es una de las herramientas más interesantes que tienes para generar espacios. No solo sirven para saber qué es lo que el otro te quiere decir, sino también para abrir espacios de conversación nuevos. Cuando uno comienza a usar las herramientas del lenguaje de una manera poderosa, te aseguro que será más simple de lo que creías.

Creemos que debemos ser expertos en responder. Por ello preparamos nuestras mentes, nuestros esfuerzos y nuestros equipos, para ser grandes respondedores de la vida. Sin embargo, la mujer triunfadora se caracteriza por ser poderosa al preguntar.

El famoso poeta uruguayo Benedetti decía sabiamente: «El día que supe todas las respuestas, me cambiaron todas las preguntas». La pregunta ayuda a que ella misma y los demás puedan buscar nuevas maneras, nuevas oportunidades. La pregunta crea espacios que la respuesta cierra. Así que tú, como mujer líder de multitudes y de grandes visiones, necesitas crear espacios y convertirte en una gran preguntadora.

No hablamos de hacer preguntas abiertas o cerradas, ni preguntas que buscan la descripción del hecho, sino preguntas generativas y creativas, que inviten a más, que saquen lo mejor del otro o de la situación.

Es probable que usando estas distinciones, tu equipo crezca hasta tener miles debajo y requiera menos esfuerzo que lo que te consume tu equipo actual. ¿Por qué? Porque la clave no está en achicar la presión. Está en agrandar la superficie. Pero, no solo agrandar la superficie, sino también tener un desafío grande. Buscar la ola que venga, la más grande que venga . . . y disfrutarla.

Muchas no se dan cuenta de que lo que están construyendo lo erigen alrededor del lenguaje que usan, que escuchan, que tienen.

Belleza y buena vida será una posibilidad cuando de tu boca salgan palabras de bendición. Estés donde estés y pase lo que pase. Si de mi boca salen palabras que no agradan, es porque solo uso el lenguaje para hablar del ayer, para describir lo que pasó, para no cambiar la realidad, solo para contarla.

Si de mi boca salen palabras de bendición, es porque elijo usar mi boca para generar el mundo en el que quiero vivir, porque diseño futuro a través de mis dichos y porque sé la importancia que tiene cada palabra que de ella se derrama.

¿Has escuchado acerca del efecto rebote?

Hay mujeres que llegan a las celebraciones de la compañía, a las grandes conferencias que la organización dicta, que van a los mejores hoteles, que ven cómo hay premios, reconocimientos, viajes, nuevas oportunidades y vuelven a sus ciudades diciendo: «Qué bueno es todo eso, pero no para mí. No me lo merezco, no soy tan buena como para vivir esa vida. Solo aprendí que tengo que esforzarme, tener deudas, nunca llegar a obtener ningún premio y no ser alguien reconocida».

Este efecto lingüístico se produce en algunas mujeres que desean ser triunfadoras pero se engañan a sí mismas. No las engañan las circunstancias, no las engañan las personas, sino ellas mismas, con lo que creen, con lo que se dicen, con la mirada que tienen con respecto a su futuro.

Si ese es tu caso y estás leyendo este libro, sacúdete. Sácate ese tipo de pensamiento. Despiértate tú que duermes, diría la Escritura. Ese éxito que ves en la compañía, eres tú; ese carro disponible es para ti, esos viajes son para ti, esos ascensos en los niveles de crecimiento están diseñados para ti. Es para ti. Es para ti.

No permitas que nada te haga quedar quieta. Es el tiempo de convertirte en una mujer triunfadora. Ya las hay. He visto muchas de ellas que con esmero desfilan su visión de futuro y con orgullo celebran a su equipo en cada avance. Puedes convertirte en una de ellas. Que gane miles y miles de dólares. Que sea reconocida. Que traiga una manera diferente de ver la vida a la comunidad y la influencie. Que pueda ahorrar, comprarse su casa, ayudar a su familia, pero por sobre todo, darse cuenta que cuando hablamos de mujeres triunfadoras, estamos hablando de ti.

Una buena manera de comenzar a creértelo es aplicar los principios y distinciones que aprendiste hasta aquí en el libro. Es desafiarte a ti misma para hacer el triple de lo que hiciste la semana anterior. Pero no solamente para ello. Si no poder verte en acción con la nueva mirada. Para ver cómo te puedes relacionar con ello. No porque lo tengas que hacer. Sino porque quieres hacerlo.

En la segunda parte de este libro, cuando tratemos sobre el lenguaje en acción, hablaremos sobre cómo se hacen y qué tipo de preguntas realizan.

3. La mujer triunfadora entiende que es un ser lingüístico antes que uno de acción

Vive, se relaciona y se desarrolla a través del lenguaje. Una de las cosas que el mundo nos hizo creer es que el lenguaje nos sirve solo para contar lo que nos pasa. Sin embargo, en los últimos tiempos hemos aprendido que el lenguaje no solo sirve para describir sino también para generar. Por eso, si empiezas a usar el lenguaje para generar contextos poderosos probablemente te darás cuenta de lo importante que es el lenguaje.

Las mujeres triunfadoras como expertas en bellezas no venden productos, no lideran gente, lo que hacen es «generar acuerdos». Cuando estamos ante alguna de las personas que nos solicitó uno de los productos que vendemos, nuestra función no es solo cerrar una venta, es generar un espacio para que se vea más bella. Para que pueda elegir formar parte de un equipo ganador. Para poder mostrarle que tiene la opción de ir por un futuro diferente.

Puedes escuchar a muchas triunfadoras decir cómo hacen este negocio en parte de su tiempo y hablar de sus deseos de salir del trabajo donde están, del jefe que tienen, de la cueva donde se pasan todo el día, de no poder ver a sus hijos, de no poder levantarse a la hora que les dé la gana, pero no pueden salir de ello. Sin saberlo . . . con su lenguaje están construyendo su futuro.

Si bien hay tiempos de transición, no hay que hacerlo todo de golpe, la transición implica que hay que empezar a declararlo y comprometerse a ello. Lo que no vive en tu lenguaje, no existe. Por eso nos detenemos aquí y nos preguntamos: ¿Qué hablo todo el día? ¿Qué sale de mi boca: confianza, certidumbre, posibilidad, oportunidad, gozo, alegría, compañerismo, bendición, desafíos? ¿O expreso miedos, dudas, quejas, incertidumbre, crisis, negación, maldiciones, tristeza, límites?

Como mujer triunfadora puedes vestirte con un nuevo lenguaje que no solo afecte tu vida sino la de todos los que te rodean. Quizás al comienzo te cueste. Uno no está acostumbrado. Pero el compromiso ayudará a que tu equipo cambie.

He participado en entrenamiento de organizaciones que creen que su falta de resultados es una cuestión de acciones, estructura y marketing. Por eso contratan a los mejores, hacen las mejores ofertas y diseñan las acciones más poderosas. Pero sus equipos no tienen la manera de ser del triunfo. Su lenguaje personal es uno de limitación y victimización. Grandes mujeres con gran potencial y conversaciones pequeñas que envuelven a la muchedumbre en dudas y confusión más que en seguridades y expansión.

El lenguaje como proceso anterior a la acción es primordial. Un lenguaje generativo, un lenguaje de protagonistas, un lenguaje de diseño de acciones y visión de futuro nos ayudará, incluso en medio de la adversidad, a lograr lo extraordinario.

4. Llama a cada cosa por su nombre

Para poder hablar mejor necesitamos llamar a cada cosa por su nombre. Suponer, esperar o no poder identificar solo nos hace reaccionar ante lo que pasa; no nos ayuda a generar lo que queremos que ocurra. El desarrollo de una vida entera en base a suposiciones hace que le entregues el poder de tu vida a las circunstancias. El desempeño de una vida completa basado en la espera hace que le entregues el poder de tu vida a lo que suceda. Identificar, clarificar, tener datos ciertos y generar espacios te permitirá llevar adelante cualquier proyecto.

Tienes la opción en los próximos días de ponerle nombre a tu triunfo. Comenzar a hablar de él, prepararte y vivirlo. No te plantees cosas que no crees. Llama al triunfo para que venga.

Cuando les pusiste nombre a tus hijos fue para identificarlos. Te agrada mencionarlos cada día en tus conversaciones, hablar de ellos, identificarlos. Cuando están lejos, solo mencionas sus nombres y ellos vienen. Haz igual con tu triunfo. Comienza a ponerle nombre, elige cómo llamarlo y ¡llámalo! Te puedo asegurar que se dará vuelta y comenzará a escucharte.

No obstante, si eliges ir hacia un lugar y diseñas ese triunfo para ti y luego vas hacia otro sitio y en tu boca surgen otros nombres, no sucederá nada. Las mujeres triunfadoras son las que llenan su boca con los nombres del éxito hacia el que van, desde temprano y durante el día.

Por eso, si no le pongo nombre a mi futuro, la soledad o la incertidumbre lo harán por mí. No queremos eso. Queremos verte feliz, llevando belleza y buena vida a miles de mujeres que están esperando salir de los modelos del pasado que les impide encaminarse hacia un nuevo futuro. Por tanto, tú, mujer triunfadora, puedes hacerlo. He conocido también mujeres que salen a la vida a conquistarla, se sientan en un café, se piden un capuchino y no hacen nada . . . Se pasan la mañana viendo Facebook. Llegan al mediodía y dicen: «No vendí nada».

CASO 5

Ponle nombre a tu triunfo

Hace unos días me reuní en conferencia privada con un grupo de mujeres que se están preparando para llegar a la siguiente posición. La misma incluye mejores beneficios, un viaje y un estupendo bono. Todas las presentes esa tarde en la conferencia estaban muy ansiosas por llegar. Cuando les pregunté acerca de su semana, algunas no habían vendido nada. Pensaban lo que harían o creían que harían, pero sin resultados.

Le pusimos a ese resultado un nombre y una fecha. A la siguiente reunión todas lo habían logrado. ¿Qué había cambiado? Su futuro llevaba nombre, por lo que hablaban de él. Una de ellas manifestó la manera en que el reto se fijó desde temprano en su mente y que cada acción que ejecutaba la hacía en base a ese desafío que se había comprometido a llevar a cabo.

Las mujeres triunfadoras llaman a cada cosa por su nombre. Por eso, cuando dicen triunfo, el triunfo se da vuelta y las mira, porque las conoce . . .

¿Por qué, entonces, no ponerle nombre a este día? ¿Por qué no ponerle nombre a cada acción? Estoy escribiendo esta parte del libro muy temprano en la mañana. Sabía que hoy tendría un día completo de sesiones de *coaching*, de llamados, de arreglos para futuras conferencias, de preparación de *webinars*. Seguramente tendría muchas excusas para no avanzar con este proceso de contarle al mundo que experimenté el ver miles de mujeres triunfadoras caminar juntas hacia un nuevo éxito y que sigue habiendo lugar para muchas más.

Podría suponer o dejar que las cosas sucedan. Sin embargo, elegí llamar a este día por su nombre. Así fue que unas cuantas horas antes de lo habitual en mi rutina me levanté deseoso de poder escribir lo que daba vueltas en mi cabeza sobre esta porción del libro. Ponerle nombres a las cosas. Así que le puse nombre a este día y comencé a llamarlo por él. ¡Y me escuché! Ahora veo cómo cada palabra fluye y pincela las ideas que quiero expresarte.

Nada podía impedirme convertir este tiempo y este libro en lo mejor para que tu vida y tu trabajo sean más excelentes aun, que se convierta en el tesoro preciado que muchas quieran lograr.

Había que hacer un libro especial acerca de las mujeres que admiramos. Que otras pasen y puedan decir: «Quiero ser como ella». «Quiero saber cómo lo hace». «Quiero hacerlo del mismo modo». «Mírala».

«Tiene un poquito más de cuarenta y parece que tuviera veinte». «Observa la figura que tiene». «¡Y el cutis!». «¡Mira cómo la cuida el marido!». «Y el carro que tiene». «Cómo disfruta de la vida». «Ahhhhh, cómo me gustaría hacer eso».

Pero algunas solo las admiran como una posibilidad no cierta. Yo estuve con esas mujeres triunfadoras y cada una de las claves que aquí te relato te llevarán a imitarlas. Muy probablemente . . . pronto . . . seas tú la que esté en ese libro. ¿Por qué no empezar a ponerle nombre a ese tesoro preciado? Esas mujeres lo lograron porque empezaron a ponerle nombre a su futuro, a cada uno de sus días.

Si esta semana que estás por vivir la llamas «Poco» . . . ¿sabes qué será? Poco. Si esta semana que estés por vivir la llamas «Incertidumbre», «Nadie me contesta», «La gente no tiene plata» . . . así se llamará. Cuando uno empieza a elegir venir de un lugar diferente, cuando uno empieza a elegir ser una opción, y le empieza a poner nombre a cada cosa... ¿sabes qué va a pasar? Que eso te vendrá.

Quizás venga más rápido, quizás más lento. Pero va a venir a ti. Nada va a poder sacarte de ese lugar.

5. Lo que no está en tu lenguaje no existe

¿Lo que no está en tu lenguaje no existe? ¿Qué significa esta frase?

Que si en tu lenguaje no está el triunfo, es porque no existe. No lo vas a ver. Si no estás hablando de éxito, de equipo, de crecimiento es porque tales cosas no existen. Por tanto, si no existen en tu lenguaje, tampoco en tu mundo.

Por más que lo escuches cotidianamente en el mundo de otros, son mundos compartidos, pero nosotros tenemos autoridad sobre el nuestro y en cuanto a la manera en que queremos cambiarlo. Por más que tengas a alguien cerca hablando de éxito, este no se transmite por ósmosis. Tienes que tenerlo en tu lenguaje. Pero para eso tienes que tenerlo en el corazón.

Por desdicha, también conocí mujeres con gran potencial y triunfo aparente pero cuyo lenguaje solo era amargura, queja, envidias, pleitos. Que disfrutaban al llenarse la boca hablando de otros. Luego se preguntaban por qué cuando parecía que estaban a la puerta del triunfo, se diluía.

Mujeres que deseaban ser triunfadoras, que llenaban su boca de éxito, pero no su corazón. Como dice la Biblia: «De la abundancia del corazón habla la boca». Para que esté en tu lenguaje, debe pasar el proceso de escucha, que lo lleves al corazón, que lo creas, que lo pongas en el cuerpo (o sea, lo incorpores) y que se manifieste primero en tu hablar para luego mostrarse en tu accionar. No puedes cambiar el mundo... pero puedes cambiar tu mundo. Muchas cosas que no pasan no es porque no existan en tu mundo, es porque no existen en tu lenguaje.

Cuando Dios le dio a Adán la posibilidad de ponerles nombre a los animales no es que no supiera cómo se iba a llamar el burro.

El punto es que cuando Adán le daba nombre, los reconocía. Empezaban a estar en su lenguaje, empezaban a estar en su mundo.

Les hablé del bono de 30,000.00 dólares semestral que había para las directoras de la compañía que les mencioné. ¿Saben cuántos cheques existían? Exactamente uno para cada directora. ¿Significa eso que si todas llegaban al objetivo, podían ganárselo? Sí. Pero no todas se lo ganaron. ¿Por qué? Porque no estuvo en su lenguaje, no existía para ellas. Sin embargo, las mujeres triunfadoras con quienes experimenté lo hablaban, les diría más, lo respiraban. Algunas solo lo tuvieron en un sueño. Por eso te lo traigo, porque no deseamos que te pase a ti. Cuando haya una oportunidad maravillosa delante de ti, tienes que ponerla en tu lenguaje para que comience a existir en tu vida cotidiana. Es probable que al comienzo solo veas la brecha entre lo que eres y lo que eliges ser. Pero que la brecha no te detenga. Aplica los principios que estás aprendiendo en este libro y pronto verás el cheque en tu mano.

Me puedes decir que ganarse esos 30,000.00 dólares era difícil, hasta imposible. Pero he visto mujeres triunfadoras llevárselo y mostrárselo a todo el mundo. ¿Acaso era trabajoso lograr el objetivo? Claro que sí. Pero estaba en su mundo, estaba en su lenguaje . . . Cuando uno comienza a poner cosas en su lenguaje eso constituye un paso importante para ir por las grandes.

Si no lo hablas . . . no lo vives. Hay casos de personas que desean y sueñan con un futuro prometedor, pero no lo ponen en el cuerpo, no lo incorporan. Esperan un golpe de suerte para poder llegar allí. Eso no vive en su manera de hablar. Hemos asesorado a muchas personas en estos años que trabajaban en algo que no les gustaba, que deseaban cambiar, pero lo que querían no aparecía nunca en su manera de hablar. Repito, porque para mí no es molesto y para ustedes es seguro: Si no está en tu lenguaje, no existe en tu mundo. Posiblemente no lo veas siquiera cuando aparezca.

Hay todavía tribus en el África que cuando ven pasar aviones creen que son pájaros grandes. Solo porque no tienen esa categoría —avión— y porque no está en su mundo ni en su lenguaje. No ven el avión. Solo ven pájaros, que es lo que conocen, que es de lo que hablan.

Hay personas en nuestros equipos que no distinguen la prosperidad. Cuando le dices felicidad, ellos solo pueden ver «sacrificio, esfuerzo, algo que tienen otras mujeres».

Así que chequea a tu gente. Pregúntate qué hablan. Como dice el dicho: «Dime lo que hablas y te diré quién eres». Dime lo que hablas y te diré quien serás.

Es bueno empezar ayudando a tu gente. Cuando decimos que esté en el lenguaje no nos referimos a palabras huecas. Encontramos gran cantidad de material que podríamos sintetizarlo en frases tipo «Tú puedes» o en alientos personales del tipo «Yupi» «Uiju». No hablamos de eso. Sino de ese potencial de generar nuevos espacios que salen de lo profundo de tu corazón puesto que te comprometiste a dirigirte a ese lugar.

¿Acaso te estás preguntando cómo hacer para que eso comience a aparecer en tu lenguaje? Sencillo. Intenta salir del modelo que el mundo te plantea que es: conozco, decido, actúo. Cuando quiera conocerlo todo, estaré usando el lenguaje para describir lo que sé. Luego decidiré qué acciones tomar y al final actuaré. Este modelo del siglo pasado ya no alcanza.

El mundo les plantea a todas aquellas personas que no avanzan y no saben por qué que tienen que conocerlo todo antes de tomar una decisión, luego decidir y al final actuar. Pero ese modelo ya no existe. Porque cuando terminas de conocerlo todo, de elegir el desafío que vas a asumir, la cantidad de horas que te vas a ocupar, con quién dejaras los chicos, cómo llegarás al bono del mes, ya el mundo cambió, el catálogo cambió, la oferta cambió, la gente cambió. Y te sientes paralizada en medio de una calesita que da vueltas pero que no se mueve de donde está.

Cuando decidiste actuar, ya terminó el tiempo para calificar para la siguiente posición, para el viaje o para la oferta.

Las mujeres triunfadoras que conocí no se dejan llevar por los modelos de pensamiento del siglo pasado, en el que todo había que conocerlo por miedo a equivocarse o a hacerlo mal. No le tienen miedo a la equivocación, porque es tan fuerte su compromiso con el logro que aprenden del fracaso y siguen hacia adelante más fuertes.

Hoy el mundo cambia todos los días. Hoy el mundo cambia como una constante. Entonces . . . ¿cuál es el modelo que puedo llevar adelante para ser una mujer triunfadora? El modelo es «el compromiso».

6. El modelo es el compromiso

Las mujeres triunfadoras que derraman belleza y buena vida son aquellas que eligen pensar a partir del modelo «Me comprometo, actúo y aprendo». No se basan en conocerlo todo para después actuar, sino en comprometerse, actuar e ir aprendiendo sobre la marcha. Cuando uno tiene futuro y una visión clara, sabe a dónde ir, tiene un lenguaje generativo, asume una actitud optimista ante la vida, por consecuencia el compromiso se le convierte en el motor que la lleva al triunfo.

Por eso, al compromiso le saco toda emoción. No estoy pensando en el compromiso solo con lo que conozco, con lo que sé que me va a salir bien, con lo que puedo hacer, con lo que sé hacer, con lo que nadie me va a criticar, con lo que tengo asegurado que no hay riesgo. Le quito toda perspectiva moral, pasada o cultural. Lo que derrota a las mujeres que deberían ser triunfadoras y todavía no lo son, es que antes de actuar se paralizan en una decena de cuestionamientos e incertidumbres que intentan llenar con más conocimiento, más seguridad. Mientras eso sucede, las otras se ganan el carro, los viajes, amplían sus equipos, sus cheques vienen de cinco cifras cada mes.

¿Crees que las mujeres triunfadoras lo saben todo? Te puedo asegurar que no. He tenido momentos en que he llorado con ellas, dudado con ellas y estremecido con ellas. A veces, cuando ven muy lejano el éxito, parece que no es para ellas. Otras veces, cuando las circunstancias y los obstáculos son muy grandes, parece que no hay salida. Sin embargo, triunfamos cuando comenzamos a elegir vivir a partir del compromiso y desde ese punto actuar, para ir aprendiendo sobre la marcha. Es igual para cada mujer triunfadora.

Cuando la mujer busca que su lenguaje sea poderoso y habla en cuanto a lo que desea alcanzar; cuando camina poniéndole nombre a todo para que exista, entonces se convierte en triunfadora.

Más de una anda con las emociones por el piso, con los niños reclamando lo mismo de siempre por un lado y la familia por el otro. Con el equipo cayéndose y esperando ayuda, más de lo que sabes que le puedes dar.

Sin embargo se levantan, se ponen de pie y, con o sin niños, con o sin marido, con o sin trabajo, salen decididas y se comprometen con su futuro.

La siguiente escena es cuando las veo desfilar con cheques, viajando, con una gran organización tras ellas, con un modelo de pensamiento más poderoso que el que tenían y sabiendo profundamente que son mujeres triunfadoras. Por tanto, la definición de compromiso que puedo formular es que consiste en una declaración en el lenguaje que respaldo con acciones. El compromiso se declara, no se descubre. Si soy bueno creando opciones, si deseo crear con el lenguaje un mundo diferente, tengo que agregarle el hecho de ser bueno accionando en cuanto a lo que me comprometí. Lo conozca o no, lo sienta o no.

Cuando comienzo a vivir de acuerdo a mi compromiso y lo implemento en mi lenguaje, empiezo a ver cosas y oportunidades que antes no veía.

Uno de los problemas más serios en este tiempo por el que las mujeres no se convierten en triunfadoras es la ceguera cognitiva.

Eso que no vemos porque no existe en nuestro lenguaje, no existe en nuestro mundo, no existe en nuestras posibilidades. Eso derrota hoy a más mujeres que ciertas enfermedades.

¿Tienes un equipo de guerreras? Conviértelo en un equipo de triunfadoras.

Porque algunas salen a la guerra a pelear con armas del siglo pasado y vuelven cada noche derrotadas. Pasan por al lado del éxito sin verlo. Creen que ser luchadoras y guerreras es esforzarse y solo hacen más de aquello que no les sirvió. Y hacer más de lo mismo, decía Einstein, es locura.

El compromiso, el hablar claro, el poner en el lenguaje lo que deseo que exista para mí, levanta generaciones de mujeres triunfadoras, que no es que están inconscientes del peligro sino preparadas para enfrentarlo e ir por lo extraordinario. Puede que la primera vez no me salga, que la segunda tampoco.

Cuando fuimos a los parques de Orlando había una de esas atracciones que dan cien vueltas, suben hasta la estratósfera y bajan a cien millas por hora. Les dicen parques temáticos, yo los llamo «miediticos». El temor se apodera de ti apenas subes a un aparato de esos. Además, te quedas tieso en la primera vuelta que das. Así que al bajarme de uno de ellos la primera vez, un amigo me dijo: «Esto no es para mí». Pero otro alegó: «Apenas a la tercera vez que te tiras es que lo disfrutas».

La primera te da miedo, la segunda se va el miedo, la tercera lo disfrutas.

Es parecido a lo que pasa con el compromiso. Cuando te comprometes a elevarte a las alturas de tus sueños y de una visión poderosa, puede ser que al comienzo te dé miedo, pero te aseguro que luego del tercer intento comenzarás a disfrutar de las alturas.

Comprométete esta semana a hacer un gran reclutamiento, a vender el triple de la semana anterior, a ser una posibilidad y entrega para tu equipo como nunca antes. Te puedo asegurar que el primer día será difícil. Pero si te mantienes en el paradigma del compromiso, de sostener tus acciones, de seguir hablando posibilidad, comenzarás a ver cómo suceden las cosas alrededor tuyo y verás que la gente vendrá a ti, el dinero vendrá a ti, los viajes vendrán a ti. Así te darás cuenta de que ya el triunfo . . . no te marea.

Sal a generar un futuro diferente. Cuando vienes de un modelo de compromiso con aquello que visionas y lo haces a partir del paradigma «Me comprometo, actúo y aprendo», sin tratar de saberlo todo, un día te das cuenta de que el éxito ya forma parte de tu vida.

Mientras que algunas todavía están preguntándose cómo van a hacer para cambiar de trabajo o como hacen doscientos dólares más, otras están preguntándose cómo se compran la casa.

Cuando llegas al objetivo del bono, del viaje, del incentivo, de tu equipo en crecimiento, de tu nueva posición, comenzarás a ver que en este modelo de negocio hay de todo. Solo tienes que comprometerte, actuar e ir aprendiendo sobre la marcha.

Te verás crecer . . . y, más importante aun, te verán crecer. Serás de influencia a otras mujeres de tu comunidad que pelean día a día por hacer un centavo más y podrás decirles: «Acompáñame, te ayudaré a llegar a la cima».

7. Convierte la crisis en posibilidad

Estadísticamente los negocios crecen más en tiempos de crisis o necesidad. Por eso, este es el momento. La crisis es una buena aliada para tomar conciencia de las grandes oportunidades que tenemos cuando elegimos ser mujeres triunfadoras, cuando dejamos de ser víctimas de las circunstancias y nos convertimos en protagonistas de nuestras vidas. Eso es lo que pasa con los líderes que no se dejan amedrentar por las circunstancias y se preparan para enfrentarlas.

Algunas directoras y líderes que he conocido en estos años, mujeres triunfadoras, han pasado días sin agua, sin electricidad o con diferentes situaciones que intentan detenerlas. Ante ello, hay dos posibilidades. O formas parte de la crisis, describiendo lo que pasó en tu área con tal o cual situación geográfica (frío, calor, tornado, huracán, etc.) o puedes convertirla en oportunidad.

Una excelente opción, ahora que te has metido de lleno en este libro a fin de convertirte también en una mujer triunfadora, es que te comprometas a cambiar la crisis por posibilidades, incorporando esa idea al lenguaje y poniéndola en acción.

¿Qué tal si a cada carro, a cada casa, a cada lugar que podamos, lo llenamos de afiches, de pancartas, de folletos que digan: «Para estar bien primero debes verte bien? ¿U otro que diga algo así como: «No se le dice no a una mujer bella»? ¿Cuánto puede influenciar en una comunidad una mujer que transmita belleza? ¿Cuántas encuentras que están chamuscadas en medio de la adversidad, que necesitan de ti para que les digas cómo pueden mejorar con los accesos al bienestar y la belleza que les ofreces? ¿Cómo hacerlas sentir bien otra vez —en medio de lo que parece una crisis— de modo que miren al futuro y con su equipo en mano caminen erguidas y triunfantes?

Toda crisis tiene una cuota de peligro, pero también una gran cuota de posibilidad.

Si vengo del futuro, si diseño de una manera poderosa, si no me dejo llevar por el desconcierto, por la desmotivación, por la distracción; si elijo ser compañero, con congruencia, con compasión, con confianza; si desarrollo mi carácter y los medios de comunicación que necesito; si vivo lo que hablo y hablo lo que vivo; si el compromiso se convierte en mi herramienta cotidiana, podré convertir la crisis en posibilidad y mientras los demás estén mirando el pasado y apenándose por lo que no sucede, yo estaré viendo el futuro, buscando crear un nuevo y maravilloso mundo.

CASO 6

Triunfo frente a la enfermedad

Pequeña pero grande . . . es la primera descripción que quiero darte. Hay mujeres triunfadoras que ante la adversidad se sobreponen con amor y determinación. Por ejemplo: Esta es una de ellas, cuya hija era un hermoso ser que la necesitaba cada día. Se la escuchaba contar: «La levanto cada mañana a las siete. Ella no camina, no puede moverse. Debo llevarla al baño, cambiarla y asearla. Hace algún tiempo que me acompaña a todos los sitios. Vamos con nuestra vestimenta llevando bella vida y oportunidades a la gente y pasamos el día abriendo nuevos espacios. Por supuesto, cuando no tenemos alguna cita médica».

Su manera de relatar cada momento de su vida es con firmeza y esperanza. Siempre con una sonrisa. Su hija nada puede hacer por sí misma. No tiene fuerzas y le cuesta valerse sola. Todo comenzó a los tres años, cuando se dio cuenta de que tenía problemas. La llevó al médico y se encontró con la noticia de que además de todo se agravaría.

«Es como una especie de autismo», relata, «que se la lleva de a ratos y trato de traerla cada momento a la vida . . . ».

Me dijo que cuando su vida dio ese giro, ella trabajaba en una tienda por departamentos. Parecía que se desarrollaría en las ventas, pero esa circunstancia la apabulló. No podía ver a su hija hundirse, por lo que haría lo que fuera para rescatarla del ostracismo.

Al necesitar más tiempo para el cuidado de su niña comenzaron a hacerle la vida imposible en la tienda. Le cambiaban los horarios, la hacían salir más tarde. Recuerda una vez que salió a las dos de la madrugada. La sensación de abandono, despojo e impotencia todavía está fresca en su memoria. Siguieron buscando la manera de que se fuera. Le asignaban tareas que no podía cumplir. Sola, con una niña con problemas y un trabajo en el que lo único que hacían era humillarla, al fin la echaron.

Parecía que el mundo se caía, cuando apareció un ángel que la ayudó a ver de nuevo la luz. Le enseñó un negocio en el que no tenía horarios, en el que ella lidiaba con su tiempo y en el que se podía hacer carrera.

Pero ella no tenía ni para comprar el paquete inicial. Sin embargo, esa persona la siguió ayudando más y más para que ella pudiera ingresar en el negocio. El día que pudo comprar el paquete inicial sintió que comenzaba una nueva vida para ella.

Ya no tenía un trabajo que la hostigaba. Ahora contaba con un negocio que la ayudaría a ella y a otros a crecer. Esa era su ilusión más grande. No solo ayudar a su hija, sino también a miles de mujeres que estaban desprotegidas, como ella.

Su pequeña camioneta se le apagaba, la dejaba y no le permitía avanzar, pero su corazón y su determinación la hacían seguir avanzando. Si tenía que dormir menos, lo hacía. A la rutina propia y la de su hija, ahora se le agregaban las diferentes opciones que el negocio le requería. Pertenecer a una compañía pujante le daba nuevos bríos y aliento para seguir adelante.

Cada noche reunía el dinero de sus primeras ventas y estudiaba cada producto para convertirse en una experta. Hasta que fue a su primera reunión. Allí encontró que no solo había otras como ella, también halló una familia de mujeres como ella. Nadie la discriminó. Su propia líder desde el primer día la amó y se dispuso a ayudarla a crecer. Era muy difícil que subiera por el camino de convertirse en una estrella del negocio. Sin embargo, fue otra opción que no quiso perder. Y trabajó duro. Junto con su bella hija impactaban cada día la vida de muchas mujeres y cada noche se preguntaba cuánto faltaría para que pudiera convertirse también en líder.

Tenía su propio negocio y sentía un gran agradecimiento por lo que hacía; además, se prometió llegar a ser la líder. Sus gastos, el itinerario con su hija, los impedimentos de una madre sola parecía que se convertirían en barreras inexpugnables, pero hubo una ecuación que la hizo una mujer triunfadora e invencible: Su determinación, su deseo de servir a otros, un equipo maravilloso y una líder que nunca la dejó sola.

Fue un par de años después de haber ingresado que recibió su distinción como directora. Lo había logrado. Veía la sonrisa de su hija y su triunfo como el de muchas madres que se quedan iguales o peores que sus pequeños en la adversidad y la enfermedad.

No hay trabajo para gente con problemas de salud, pero hay negocios para ellas. Ese se convirtió en el mensaje que comenzó a llevar a otras que estaban en igual condición. A veces veía gente quejándose y que parecía que nada les pasaba, que tenían todo a su favor; a esos ella elegía darles más aun de lo que había recibido. Cómo no estar agradecida si había estado en valles de sombras y hoy podía pararse en la roca firme. Cómo no llevar a otros opciones de crecimiento para derrotar la adversidad de la enfermedad, si ella cada día veía el triunfo en momentos.

Podía llevar a su hija en cualquier hora al médico, podía ponerla linda porque sabía cómo, podía hacerla disfrutar del paisaje que transitaban, de estar con gente. No más encierros ni vivir bajo el silencio de un medicamento que la dopaba.

¿Cómo no contarles a los demás que había una manera de triunfar y tener un negocio propio, ser profesional y mantener la atención a ese precioso ser que necesitaba tanto de ella? Nada ni nadie podía detenerla.

Ahora se enfocaría en la siguiente posición. Es difícil, pero está formando su equipo. Uno que tiene una líder que sirve y que mira con optimismo y agradecimiento a la vida.

Tal vez le lleve más tiempo, quizás tenga que cargar más bolsos que otros, quizás tenga que detenerse más veces, pero ella sabe que llegará y no solo eso, sino que será ejemplo para miles que creen que no se puede. Claro que se puede. Esta mujer triunfadora te invita a recordarlo cada día.

Capítulo 5

Orientada a la acción, pero sin dispersión ni límites

Luego de trabajar en cuanto a la manera de ser y en nuestras propias acciones llega el tiempo en que no solamente sumamos sino que comenzamos a multiplicar. Al comienzo del libro hablamos de la importancia de tener aguas profundas y aguas tranquilas. Al respecto, muchas personas salen a experimentar nuevas aventuras, pero sin profundidad o con tempestades. Pareciera que las tempestades las dejan en otros dominios que no influyen en su vida cotidiana o que les hacen creer que la profundidad se la dará el negocio, la compañía o el líder. Pero no es así.

Sabemos que los resultados sin efectos transformadores y sin un sentido vital son difíciles de sostener. Por eso es que te invitamos a orientarte a la acción, para que veas cuáles son las áreas que más traen tempestad o falta de profundidad al corazón de las mujeres que quieren pero no llegan a lograr el objetivo. De ese modo volverás a recordar que los grandes cargamentos entran en puertos de aguas tranquilas y en puertos de aguas profundas.

Por otra parte, elegimos comenzar a formar equipos eficientes y caminar hacia el siguiente nivel en nuestro desarrollo como mujer triunfadora. Una de las cosas que nos permiten crear un equipo eficiente es empezar a entender que hay preocupaciones que distraen y de las que hay que desprenderse. Entre ellas están: la angustia, la ansiedad, las perturbaciones y las presiones.

Angustia

Es clave entender que la palabra angustia, viene de otro término que es «angosto». En griego, angustia es *stenokoreo*, «estar en una baldosa», «estar en un terreno angosto».[1] La angustia ocurre cuando el pecho se te oprime. La solución para ti o tu equipo, cuando eso sucede, es ampliar la superficie.

Por ejemplo, ¿cuál es la fórmula de la presión? Presión es igual a peso sobre superficie. Si tienes un peso de 10 y una superficie de 1 es igual a 10. La gran mayoría de la gente lo que hace es atacar el peso. Atacan las circunstancias, tratan de achicar el peso. Aunque eso no siempre es posible. Por eso quedan reaccionando a lo que sucede fuera de sí sin resultado cierto. Por tanto, si el peso es de 10 y amplío la superficie; esta ahora es de 10, resultando que la presión es de 1. No cambió el peso . . . cambió la superficie.

El mundo no va a cambiar. Acéptalo de una vez. Lo que sí puede cambiar no es el mundo, sino tu mundo. Aunque hayas escuchado antes lo que tengo que decirte . . . préstale atención como si fuera la primera vez: Hoy es un buen día para elegir cambiar mi mundo, para decirme que hoy es el primer día del resto de mi vida. Hoy elijo vivir el presente como tal y salir a generar lo mejor.

Cuando estás en plena angustia y esta te extiende, ello amplía la superficie. Si la angustia que tienes se relaciona con el trabajo, amplía tu superficie en cuanto a conocer mejor el negocio. Asiste a talleres, júntate con quienes saben más y tienen más experiencia, con quienes lo están haciendo bien, genera nuevas visiones, amplía la superficie de tu corazón.

Si formaras parte de la familia Teme, te diría también: «Ve a la bahía». Nosotros vivimos en una ciudad que tiene una bahía en medio de un parque nacional con una de las vistas más hermosas que he conocido. Si no tienes un panorama como ese, ve a la playa, ve a los juegos, ve a pasear. Ve a lugares que te ayuden a ampliar la superficie y la angustia va a desaparecer.

Pregúntate qué necesitas para ampliar la superficie. Quizás sea más *coaching*. Tal vez hablar más con mi gente. Quizás debo cambiar mi lenguaje. Hay gente que vive todo el día quejándose. Que de su boca solo salen dudas, preocupaciones, desconfianzas, incertidumbres. Ampliar la superficie no es ir en busca de nuevos mares, es comenzar a ver con nuevos ojos el mundo en el que vivo. Por lo tanto, podemos eliminar la angustia ampliándonos.

Ansiedad

A diferencia de la angustia, que es un terreno estrecho, la ansiedad distrae la mente. ¿Conoces personas que tienen quinientos pensamientos a la vez y no saben cuál elegir? ¿Que se levantan en la mañana y comienzan pensando en la ropa de los niños y camino a la oficina recuerdan que no tienen que hacer de comer, además tienen que ver una clienta en pocos minutos y mientras todo eso pasa necesitan pagar la cuenta de la luz?

Si te sientes identificada con esto, déjame contarte que hay una solución para tu problema. Podemos estar orientados a la acción sin dispersión y llegar a ser mujeres triunfadoras sin ansiedad. El mundo de hoy es un mundo multitask [con muchas tareas por hacer]. Que invita a la persona a estar constantemente con una mente partida en mil pedazos. Porque esa es la manera de derrotarte. La manera de derrotarte no es pegarte fuerte. La manera de derrotarte es dispersarte. Una mente ansiosa es una mente distraída y una mente distraída es una mente derrotada.

La solución para la ansiedad es tener un pensamiento a la vez. Poner el foco en un solo pensamiento. Una idea a la vez. Una cosa a la vez. Encontrarás que cuando tengas una idea a la vez y la superficie ampliada, tendrás tu corazón más quieto. Cuando tengas tu corazón más quieto, podrás obtener resultados extraordinarios en cada área de tu vida y ser una mujer triunfadora.

La clave no es no tener problemas, sino cómo me relaciono con ellos. Podemos llevar la distracción que produce la ansiedad a un terreno donde al poner el foco en una cosa a la vez tengamos resultados congruentes.

Presiones

No es algo que lo disperse a uno, ni es un terreno angosto. Son esos momentos en que sientes encima la presión externa que busca cambiar tu humor, tu mirada, tu foco, tus compromisos. Es interesante ver cuando hay circunstancias que nos presionan. La opción es tener largura de ánimo, es diseñar una visión poderosa. A veces hay situaciones ajenas —económicas o de salud— que a ti o a alguien de tu equipo le quitan la paz y el compromiso con el logro. Son presiones que no se esperan, pero que suceden.

Peor aun cuando tu mes está a punto de convertirse en el mejor por la actuación de alguien o por una acción puntual tuya y no se concreta por algo de último momento.

Si has tenido presiones hasta ahora o muchos justificativos en cuanto a porqué tu vida hasta aquí no fue fabulosa, déjame decirte como decimos en nuestras conferencias y nuestros cursos: «Todavía estás a tiempo de tener una infancia feliz». No vamos a cambiar los hechos, pero podemos cambiar las interpretaciones.

Todo lo que me pasó o me está sucediendo son espacios de los que puedo aprender, siempre que sepa hacia dónde ir. Los problemas y las presiones derrotan a los que no tienen sueños, a los que ni miran hacia adelante, a los que solo se limitan a sus antecedentes y no se comprometen con su futuro.

Por eso me apasiona escribir sobre mi experiencia con las mujeres triunfadoras. Porque creo profundamente que en estos tiempos y con los modelos organizacionales y laborales que existen las mujeres pueden marcar una diferencia. Y es menester gritar a los cuatro vientos que las presiones son espacios para aprender; la adversidad es un contexto para que puedas forjarte, siempre y cuando tengas un ánimo alargado por la claridad de tu propósito y de tu caminar hacia adelante.

Si lees este libro deseando llegar, pero estás llena de presiones económicas, de relaciones o de graves circunstancias, elige pensar hacia dónde te gustaría ir, qué harías si todo lo que hicieras te saliera bien y tuvieras éxito en todo lo que emprendieras, y comprométete en cuanto a ir hacia ese lugar. Eso permitirá que la presión de las circunstancias sea más pequeña que la pasión por triunfar que tienes dentro.

Eso no quiere decir que si diseño un futuro poderoso este vendrá a mí. Sino que cuando lo diseño es porque yo iré hacia él.

Algunas personas se levantan en la mañana haciendo afirmaciones creyendo que así cambiarán el universo. Déjame decirte que no es tan fácil. El futuro hay que diseñarlo para ir hacia él. Cada vez que me encuentro con una brecha entre quién soy y lo que elijo ser, puedo aprender y pararme en una visión poderosa. La presión se achica cuando la veo desde arriba. Queda atrás cuando sigo caminando hacia delante. Y se convierte en aprendizaje cuando la miro desde el futuro con un gran compromiso por lograrlo. Tú también puedes.

Perturbación

Esta palabra viene de una raíz que significa: «aquellos que andan por la tangente». Se refiere a esas personas que están ocupándose en lo urgente, pero no en lo importante.

¿Será que te cuesta orientarte a la acción y vives dispersa por cada día ocuparte más de las cosas urgentes que de las importantes? Perturbación es ocuparse de aquello que está en la periferia de la vida, no en el centro. Es muy interesante elegir lo importante en mi vida. Es la única de todas las preocupaciones que tengo. Es como esas mujeres que trabajan poderosamente toda la vida para tener una gran casa y cuando la tienen y les preguntas cómo les va, te contestan: «¡Mal! No sabes todo lo que tengo que limpiar». Personas que se pasaron el tiempo pidiendo más cosas y ahora se quejan porque lo tienen.

Pasa seguido, personas que disfrutaban un buen andar, que generaban resultados y que se convertían en una opción a futuro terminan quedándose estancadas. Uno no le encuentra explicación a eso. Sucede que dejaron de ver la visión para comenzar a ver cosas que estaban fuera del centro de su existir.

La perturbación hace que quienes podrían llegar a ser triunfadoras y exitosas anden preocupadas y sin respuestas. Salgamos de allí. Busquemos lo que es importante. Pongamos la mirada en lo que elegimos ser y en lo que es nuestra misión de vida.

El agradecimiento es una buena solución para la perturbación. Comenzar a hacer la buena parte también. Invertir tu tiempo en lo importante y no solo en lo urgente, te ayudará a no dispersarte y a sostener una manera de ser que te lleve al triunfo. Llegó el tiempo de salir de toda dispersión que no nos permite crecer. Llegó el momento de ayudar a nuestra gente a enfocarse e ir por aquello que desean y anhelan.

Una forma poderosa de llevar a tu equipo al siguiente nivel es poder ayudarlas cuando están angustiadas, ansiosas, presionadas o perturbadas, mostrándoles que el diseño de lo extraordinario está en nuestras manos y no debemos dejarlo escapar.

Destraba los límites

La mujer triunfadora toma en serio el conocer cuáles son sus límites. Intenta tomar conciencia en cuanto a sus espacios de ceguera para poder trabajar en ellos y convertirse en alguien que ve más. Recuerdo haber estado en diferentes eventos y ver muchas mujeres saltar y emocionarse por las ofertas, por los viajes, por los incentivos. Parecía que saldrían de allí y conquistarían al mundo. Pero cuando llegaba su cheque a fin de mes, cuando tenían que analizar lo que habían ganado por lo generado y desarrollado durante el transcurso de ese tiempo, veían que a pesar del esfuerzo y la dedicación algo faltaba.

¿Qué era eso? ¿Qué hizo que no pudieran lograr aquello que se proponían? Eran sus límites. Límites que tienen que ver con los propios techos que nos vamos poniendo.

Hay un dicho que afirma: «Un problema bien expuesto es un problema medio resuelto». No digo que siempre sea así. A veces lo es. A veces es la tensión creativa. Pero cuando lo exponemos bien, tenemos la mejor posibilidad para ir a un lugar diferente.

Mientras sigues leyendo este libro que te convertirá en una mujer triunfadora, pregúntate: ¿qué te hubiera gustado que sucediese el mes pasado que no ocurrió? No lo pienses sola . . . pregúntale a tu familia, a aquellos que te acompañan en tu equipo. ¿Cuáles fueron las limitaciones que me impidieron llegar a ser lo que elegí?

Puede ser que no tengas el equipo que deseas . . .

Puede ser que no hayas tenido ingresos sólidos . . .

Puede ser que no hayas tenido tiempo . . .

Puede ser que te encontraste en una zona cómoda y no supiste cómo salir de allí a tiempo.

Puede ser que no tienes quien te ayude.

Si es alguna de las mencionadas, destrabemos esas limitaciones. Quizás pueda ser que conozcamos lo que hacemos, pero nos falta la posibilidad de comprender lo profundo del mismo. ¿Cómo podemos destrabar todo lo que tenemos trabado y llegar a un lugar especial en nuestra búsqueda de lo extraordinario, de lo que va más allá de lo ordinario?

Tenemos que poder lograrlo en cuatro áreas:

En mis emociones, que me hacen disfrutarlo.

Con las distinciones que me hacen verlo.

Con las consignas que me hacen obtenerlo.

Con el equipo que me hace sostenerlo.

Si tuviéramos que resumirlo en cuatro partes, las anteriores son las únicas que sirven para destrabar las limitaciones.

Estamos en una era en la que el negocio que realizamos se ha convertido en el modelo de mayor crecimiento y que trae mayor gozo y reconocimiento a las mujeres de hoy. Eso es poder darles acceso a las personas a un nivel superior de vida. Sin embargo, ¿cómo vamos a destrabar los límites que tuvimos hasta ahora que no nos permiten llegar a ser mujeres triunfadoras? Veamos algo que debemos saber:

1. Los límites no están fuera sino dentro

Recuerdo cuando invitamos a una de las organizaciones que atendemos y le sugerimos la posibilidad de vender diariamente una suma fija, de modo que cada persona se comprometiera a que así fuese. Sabíamos que funcionaría. Sabíamos que cuando esas mujeres aguerridas dejaran de tener un negocio de venta por membresía y pasaran a desarrollar un modelo de acceso a la belleza serían imparables. Pero había que destrabar el límite de lo que no deseaban ver.

Al cabo del tiempo, nos encontramos con aquellos que hicieron al pie de la letra lo que le sugerimos. Y los vimos crecer rápidamente. No se dejaron llevar por circunstancias ni por situaciones, ni por excusas o justificativos; entendieron que si no lo hacían era porque ellos mismos le estaban poniendo límites a su crecimiento.

Uno de los grupos llegó a las posiciones más altas de la compañía en poco tiempo. Tenían más de diez años en acción y en menos de uno avanzaron de forma fenomenal. Habían agregado a su paciencia, su conducta, su pasión y su compromiso el hecho de estar cada día presentes para el resultado.

Si fuiste víctima de las circunstancias, hoy es un muy buen día para convertirte en protagonista de tu destino. Cuando dejes de ser espectador y comiences a ser el espectáculo, la gente se detendrá a preguntarte qué es lo que tienes que te hace sonreír, que te hace crecer, que te hace triunfar.

2. Los límites están en lo que no veo

Hemos sido hechos con ciento ochenta grados de visión y ciento ochenta grados de ceguera. Por tanto, no lo veo todo. Fui creado con la posibilidad de que viera solamente la mitad del mundo. Aunque me dé vuelta, sigo viendo la mitad. Así que tengo la mitad de mí en mi área de ceguera. Muchas veces pasa que lo que no ves es lo que hace que los resultados no se den. Tenemos muchos espacios ciegos. Para salir de allí hay que comprometerse a ser un observador diferente.

Cuando me doy cuenta de que el límite está dentro de mí, me puedo preguntar: ¿Qué me faltó? ¿Qué me faltó para hacer un mes poderoso? ¿Qué me faltó para reclutar a esas doscientas mujeres que están esperando que yo decida liderarlas? ¿Qué no vi? ¿Qué necesitaba ver para llegar más lejos?

Ahora bien, cuando hablo de lo que no veo me refiero a mi ceguera cognitiva. Es lo que veo en mi manera de ser. Otra cosa es la visión. Vas a llegar tan lejos como tus sueños. Cuando estés dispuesta a no solo vivir por incentivos sino por propósitos, verás cómo llegas rápidamente a disfrutar de los beneficios de ser una mujer triunfadora. La visión tiene que ser más grande que tú misma. Cuando empiezas a elegir una visión, ello te permite reconocer la brecha y trabajar con ella. Muchas mujeres atadas a las circunstancias y a las que a veces les va bien son las que esperan hasta fin de mes para ver cómo les fue.

Sin embargo, déjame decirte algo: Antes de que las órdenes o pedidos caigan del cielo el que los busca se los lleva. Las órdenes, los pedidos no vienen . . . hay que ir a buscarlos. El crecimiento del equipo no viene por arte de magia . . . hay que buscarlo. El hecho de que seas de influencia en tu comunidad no viene solo . . . hay que forjarlo trabajando duro.

Por otra parte, hay límites en lo que no sé . . . Cuando encuentres estas dos bellas palabras —«no sé»— en tu boca o en tu mente, no las dejes allí simplemente. Ve y pregunta. No es malo no saber. Lo malo es quedarse sin respuesta por miedo a lo que te vayan a decir.

3. Límites con mis miedos

¿Deseas ser una mujer triunfadora? ¿Te esfuerzas cada día para serlo? Pero, cuando comienzas a tratar con la gente, ¿te paralizas? Otro de los límites tiene que ver con la actitud que asumes y que te hace pensar en frases como: «Porque no me animo, porque me da miedo, porque nunca vendí». Sin embargo, hay buenas noticias: Se puede salir de esa limitación con solo dejar de pensar en sí mismo y comenzando a pensar en los demás. Dejando de pensar en vender o no vender y decidiendo ser una posibilidad para cada una de las personas que se te pongan por delante.

Cuando elijo venir desde ser entrega y una posibilidad para otro, dejo de pensar en mí, en mis miedos, y comienzo a pensar en el prójimo y sus oportunidades.

No hay que desterrar el miedo. Solo hay que decirle que no se preocupe, que lo vas a hacer bien. No hay que desterrar el miedo al fracaso en cuanto a vender. Solo hay que mostrarle que no eres una vendedora, sino una experta que da acceso a un nuevo nivel de vida a cada uno de los que tienes delante. Cuando decides ser influencia y entrega, todas esas limitaciones empequeñecen. No porque se hayan achicado, sino porque te agrandas a la medida de tus sueños.

4. Límites en el tiempo

Hay personas que piensan que sus límites se deben a que no han tenido tiempo, a los chicos, al trabajo, al marido, a lo que sea. Ya no vivimos en el tiempo de la famosa frase filosófica «Pienso, luego existo»; ahora vivimos en la era del «Siento, luego existo».

En ese sentir cotidiano, en ese vivir experiencias, pasa que el tiempo se nos va. Hay que salir de allí. Hay que entrar en el nuevo tiempo, en el paradigma de comprometerse a hacerlo. Dedícale una hora por día, donde puedas. Dedícale una hora a ser eficiente, a trabajar con todo tu ser. A hacer las cosas que tienes pendientes.

En un webinar escuché a alguien declarar que no lograba el éxito que buscaba por un mal manejo de su tiempo. Ese es un excelente paso. Reconocerlo. Aceptarlo. Cuando uno puede reconocer sus fallas, empieza a vivir en la aceptación. A partir de ello construye la administración del tiempo que necesito.

Posibilidades con los límites

Hay tres posibilidades con los límites: Los resisto, me resigno o los acepto. Si los resisto, voy a quedar todo duro. Voy a necesitar que alguien me preste una espalda. Y si resisto eso, probablemente lo que haga es persistir. Pero, no queremos que persistas en eso. Otra posibilidad es que te resignes. Recuerda que los límites están dentro de ti. Cuando te resignas, lo que estás diciendo es que no puedes cambiar el mundo. Dices: «No puedo diseñarlo conforme a lo que les prometí a mis hijos», «No puedo diseñarlo conforme a lo que me prometí a mí misma».

Hoy es el primer día del resto de tu vida. No te resignes. Mejor acéptalo. Mira, tuviste un mal día, acéptalo. Tuviste un excelente día, acéptalo. Acepta. Cuando uno acepta, puede construir sobre la aceptación. No importa lo que te haya pasado hoy, acéptalo y pregúntate quién eliges ser y qué puedes aprender de eso.

Llegó el momento de destrabar los límites, de ir por más y de hacer algo poderoso porque sabemos y estamos convencidos de que tenemos mucho que dar y estamos verdaderamente comprometidos con ello.

Distinciones para destrabar los límites

Hay cuatro distinciones para destrabar los límites. ¿Cuáles son? Si tuviste límites y encontraste que uno de ellos fue en cuanto a lo que no viste, si tu límite fue en la visión, si tu límite fue en lo que no sabes, si tu límite fue en lo que no te animaste, si tu límite fue en cuanto al tiempo, déjame hablarte de las cuatro distinciones para que los destrabes.

La primera distinción, y le llamamos distinción y no principio porque es algo que tienes que ver y lo vas a ver cuando lo pongas en tu cuerpo, cuando elijas incorporarlo al cuerpo. Adquirir es ponerlo en la mente, incorporar es ponerlo en el cuerpo. Por ejemplo, Michelle nos dijo: «Me comprometo a tener cincuenta» y yo le creo porque está destrabando el límite, está usando el compromiso.

Primera distinción para destrabar todo límite: El aprendizaje. Sabes que la palabra «aprendizaje» está compuesta por dos términos. El primero es «A», que significa «sin prender». De la única manera que voy a aprender es A, sin prender. O sea, soltando. Para poder aprender necesito soltar. En este momento, lo importante no es el poder del maestro, es el compromiso del aprendiz.

Si hoy estás comprometida a ser poderosa, las cosas van a suceder. Aprendizaje. Empieza a preguntarte qué tengo que soltar. ¿Tengo que soltar mi manera de ser? ¿Tengo que soltar un tiempo? ¿Tengo que soltar una visión pequeña y tengo que agarrar una más grande? La única manera en que voy a aprender es si recorro lo que llamamos el camino del héroe. El camino del héroe no va primero hacia arriba, va primero para abajo y reconoce lo que tiene que soltar, luego va hacia arriba. Hoy es un buen tiempo para decirme: «Voy a soltar una manera de ser que no me alcanzó hasta ahora. Voy a soltar mis miedos, voy a soltar lo que no me anima, voy a soltar mi mal manejo del tiempo. Voy a aprender y me voy a compromete a que algo suceda».

Segunda distinción: Responsabilidad. Para poder destrabar lo que me limita debo tener responsabilidad. Hemos hablado mucho acerca de esta distinción. Otra palabra compuesta.

Responsabilidad significa habilidad para responder. Nadie es responsable de tu negocio más que tú misma. Obviamente es una relación de interdependencia de unos con otros, pero es tu negocio, es tu cheque, es tu equipo, es tu viaje, es tu carro, es tu bono, es tu opción. Cuando empiezo a ser responsable, lo soy de los éxitos como de los fracasos. De los éxitos disfruto, de los fracasos aprendo, porque estoy dispuesto y comprometido a ir por algo grande. Llegó el momento de poder elegir ser responsable. Si hoy nos dices: «Voy a fechar tres servicios de spa por semana», no necesitas tener a tu directora empujándote como si tuvieras tres años de edad. ¿No les parece que llegó la hora de madurar como equipo y hacernos cargo de nuestros compromisos y aprendizajes?

No tenemos que convencerte de nada. Esto no es: «Ah bueno, si la compañía me convence me motivo mañana salgo y yupi, yupi». No, eso habla de ti. Tú eres la que vas a tener el éxito. Por eso es tan importante preguntarte en qué te faltó responsabilizarte, tener la habilidad para responder. ¿Cuál fue el límite que me retuvo y del cual necesito salir?

Tercera distinción: Resiliencia. ¿Qué es la resiliencia? Es la capacidad que todo cuerpo tiene para poder resistir una presión y volver al mismo estado original sin haber sufrido consecuencias por ello. Es como la goma. Si uno la agarra de los dos lados, la voltea y la regresa al mismo estado, no hay casi cambios. Ahora, usa la misma fuerza con un plástico y se rompe. Para poder crecer, para ir al siguiente nivel necesitamos ser resilientes. Necesitamos que puedas ser flexible. Que te dobles un poquito porque sabes que el crecimiento a veces trae un poco de fiebre, pero que no te quiebre. Si hay cierta área en la que estás quebrado, necesitamos ayudarte. Y estamos dispuestos a hacerlo.

Te puedo asegurar que si empezamos a ser más resilientes, dejamos de mirar las circunstancias, de mirar lo que pasa afuera, de creer que aprender es porque el maestro es bueno —en vez de darnos cuenta de que solo se aprende cuando los aprendices son buenos— y empezamos a encargarnos de nuestra vida y somos resilientes y flexibles, dentro de un año te voy a ver como nacional y me vas a decir: «Héctor, destrabé mis límites».

Cuarta distinción: Perseverancia. Perseverancia es mantenerse adherido a, ser constante con, estar alineado a; la perseverancia no tiene nada que ver con la emoción.

La perseverancia tiene que ver con compromiso, con entrega. Yo persevero en mi negocio. ¿Van a haber días en los que va a llover? Sí. ¿Van a haber días que te van a cortar la luz? Si vives en Puerto Rico, sí, probablemente en la costa de la Florida, también. ¿Van a haber días en que habrá una lluvia fuerte? Ojalá que no, pero puede ser que sí. ¿Habrá algún día en que la gente no te va a responder los llamados? Sí. ¿Sabes dónde queda el éxito? ¿La dirección exacta del éxito? El éxito queda a dos pasos después del fracaso. Pero algunos se quedan en el fracaso, no caminan y no se dan cuenta de que hay que perseverar. La perseverancia es lo que nos lleva a un lugar diferente. A una opción diferente.

CASO 7

Lleva belleza a toda mujer por todos los medios

Ella no es la típica emprendedora que da acceso a belleza. Es una mujer comprometida con la transformación y mejora de toda fémina sobre la tierra. Y lo manifiesta siempre, con sus exposiciones, con su modelo de desarrollo, con sus conversaciones. Luego de haber estado en el modelaje y ejercer la comunicación radial eligió abrir diferentes espacios para proveer a las mujeres de un nuevo diálogo.

Con empeño, esfuerzo y compromiso está buscando cambiar el contexto que tienen las mujeres y lo hace a través del desarrollo de su proyecto para el mundo femenino. Es todo un desafío: Llegar, a través de diferentes medios a las mujeres y decirles que se pueden desarrollar de una manera triunfadora.

Lectoras de veinte países reciben periódicamente recomendaciones acerca de su imagen y cómo proyectarse mejor como mujeres. Qué pueden ponerse, cómo maquillarse mejor y qué pueden aprovechar de todo lo que tienen.

Es clave ayudarlas. La imagen es el lenguaje que se ve. Sin embargo, esta mujer triunfadora vive en una campaña constante en que el concepto de belleza que la moda influenció no detenga la verdadera belleza de la gente. La belleza varía de acuerdo a la percepción de cada individuo, suele decir, y lo que tenemos que hacer es que la mujer tenga confianza en sí misma. Allí es donde comienza la verdadera belleza.

Me gusta meditar en las mujeres triunfadoras que no solo piensan en ellas, sino también en cambiar el mundo y, en este caso, en su manera de entender el medio, en la manera de proyectarse, en la forma de relacionarse con otros, en cuanto a su confianza en sí mismas. Y ella insiste en eso.

Hacer de cada día uno que cambie una vida es un maravilloso desafío. Y esta mujer triunfadora cada día lo hace. Ayudar a sus chicas, contestar a cada una cómo hacerlo mejor y caminar liderando a todas las que quieran verse lindas, verse muy bien.

Capítulo 6

Claves para llegar a la cima

Cuando trabajamos la manera de ser, no permitiendo que nada nos distraiga o nos desenfoque, combatiendo las trabas y los límites, incorporando distinciones, vamos camino a la cima de la mujer triunfadora.

A través de estos escritos queremos asistirte para que puedas llegar a la cima de tus objetivos, de tus metas. De aquello que has elegido que sea una opción para ti.

1. Júntate con quienes lo están haciendo

Una de las claves para llegar a la cima es que te unas a quienes ya lo están haciendo. Busca los exitosos que conozcas en la compañía. Pégate a ellos. Pregúntales todo. Aprende de su manera de moverse, de hacerlo, de sostenerlo. Este no es un negocio para llaneros solitarios. Trata de relacionarte. Como ya mencionamos, cuchillo se afila con cuchillo.

Hemos escuchado mucho en estos años acerca de personas que luego de ser enroladas para el negocio quedan solas, o aisladas, sin que nadie las guíe, las forme. Si este es tu caso, deja de leer ahora mismo y llama a tu líder, o a quien te enroló, o a quien admires en el negocio y pide ayuda. Las mujeres triunfadoras son las que se comprometen individualmente y en equipo. Este es un modelo de interdependencia. Todos nos ayudamos a crecer juntos. No cargues con la culpa de que las cosas no salen cuando no sabes cómo.

CASO 8

Necesitamos apoyo de alguien que ya lo hizo

Sostuve una conversación de entrenamiento con una emprendedora muy valiosa. Lleva poco tiempo en el negocio y su líder es de las mejores que he conocido, aunque está en otra ciudad. Muchas veces necesita a alguien que la aconseje en el momento. Ella quiere llegar a directora. Es fabuloso lo que vendrá cuando lo logre. Un nuevo modelo de participación, un viaje y un bono. Ella se pasa el día saliendo a generar más ventas, buscar nuevas clientas, pero no logra que su equipo tenga el mismo ritmo. Hace poco me preguntaba qué les podía dar para que las vendedoras mejoraran. Su caso no es el de alguien que no quiere o que no puede. El asunto es que no sabe y lo necesita. Por eso es muy importante que entiendas que este camino al éxito siempre debe andarse acompañada. No sola. Ni aislada. Sino con compañía y diseño de acciones.

Por tanto, busca compañía y de la buena. Personas que sumen, no que resten. Por eso decimos: Júntate con quienes lo están haciendo bien. No pierdas la posibilidad de triunfar. Busca la manera de formarte si nadie lo hace. Pero no te quedes con la excusa de la soledad, con la justificación de la falta de liderazgo poderoso ni estancada en el aislamiento. Convierte el limón en limonada.

Las mujeres que he conocido, y que lo han hecho, son quienes nadan contra la corriente, las que hacen pedidos, las que hacen ofertas, las que caminan hasta que encuentran lo que buscan. Que nada ni nadie te impida el destino triunfante que te espera.

2. Vive lo que hablas y habla lo que vives

Otra de las claves para llegar a la cima es: Vive lo que hablas y habla lo que vives. Hemos hablado mucho de la importancia que tiene generar con el habla, diseñar con el habla, cruzar hacia el siguiente nivel con el habla. Aunque si eres experto en herramientas lingüísticas y técnicas pero no lo vives en lo profundo del corazón, se notará y no sucederá lo que deseas. Por eso debes trabajar tu interior y decidir pensar, hablar y accionar en una misma línea.

Sé una posibilidad y muéstrate como tal. Desde el momento en que ingresas en la organización, hazte parte comprometida de ella. Muchas mujeres inician llevando belleza y bienestar como algo de medio tiempo o para algunas ocasiones. Aunque así sea, el tiempo que le dediques que sea de calidad. Prueba cada uno de los diferentes productos que vendes.

He escuchado de personas que no logran los objetivos y cuando uno les pregunta si probaron el producto, argumentan que no, que solo tienen lo que van a vender. Eso es como querer estrechar la mano de alguien con el puño cerrado. La única manera de estrechar la mano es abriéndola.

Una mujer triunfadora entiende el concepto de la siembra y la cosecha. Sabe que conforme a lo que siembre eso también segará. Si siembra poco, cosechará poco, si siembra dudas, cosechara confusión. El modelo para llegar a la cima es darle acceso a la belleza y la buena vida; para eso te tienes que convertirte en una experta. Conocer al detalle cada cosa que ofreces te ayudará a abrirles camino y guiar a quienes se te acerquen. Ese es un buen momento para sembrar en buena tierra. Invertir, probar, vivir lo que hablas y hablar lo que vives. Cuando tu equipo te ve hablar lo que vives y vivir lo que hablas generarás una fortaleza poderosa en su interior.

Ahora bien, para vivir lo que hablo y hablar lo que vivo debo no solo adquirir conocimiento de lo que tengo que hacer sino además incorporarlo. La diferencia es que adquirir se efectúa con la mente. Incorporar, como la palabra lo dice, es poner en el cuerpo. Por tanto, necesitamos que cada uno de nosotros incorpore el conocimiento aprendido. Dicho de otra manera . . . ponle cuerpo a lo que hablas.

Empieza a mostrarle a la gente que vas hacia adelante y que de lo profundo de tu ser sale una sonrisa. No una careta sino una sonrisa. La palabra hipocresía viene de otra que significaba: «aquellos que llevan una careta puesta». En los tiempos en que vivimos la gente se da cuenta de todo. Nadie le compra a quienes tienen caretas. Pero si tienes una sonrisa honrada, vives lo que hablas y hablas lo que vives, vas a cansarte de armar equipos, de vender, de tener clientas fieles.

La mujer triunfadora se caracteriza por avanzar hacia adelante en cuanto a sus convicciones y ser de una misma línea en lo que piensa, dice y hace. Si solamente decidieras aplicar este único principio de todo el libro hoy, tendrías el éxito asegurado. Imagínate cuánto más si quieres alcanzar lo extraordinario.

3. Visión poderosa y compromiso congruente

La cima está cerca cuando uno sabe a dónde mirar. Claro, siempre con una mirada elevada. Necesitamos desarrollar una visión poderosa para convertirnos en triunfadoras.

Sueño más acción, más pasión igual a una visión poderosa. Una visión que se convierte en realidad. Muchos han visualizado sus sueños, pero eso no basta. Necesitamos agregarle pasión y acción. Pregúntate esto: ¿Voy con lo que elijo ser y vuelvo con lo que soy o voy con lo que soy y vuelvo con lo que elijo ser?

La gran mayoría de las personas se enfocan en su futuro con lo que elijen ser y vuelven fracasados por lo que son. Este modelo ha arruinado más vidas que los terremotos y los tsunamis.

Empieza a ser hoy la persona que elijes ser. No recorras los nuevos caminos con la vieja manera de ser. Con ella llegaste hasta acá. No se pueden lograr nuevas cosas con viejas formas. Es hora de empezar a ser mucho más poderosa. De elegir ir hacia adelante con lo que elijo ser y no solo con lo que fui. ¿Quieres ser pasión? ¿Quieres ser éxito? ¿Quieres ser la gran líder con un gran equipo? Ven desde donde estés.

Quizás te falta el título, quizás te falta el equipo, quizás te falta el inventario, quizás te falta la gente . . . ¡no importa! Empieza a vivirlo. Cuando empiezas a vivirlo es porque es una visión.

La visión no es un punto de llegada, es un punto de partida. De modo que cuando elijo vivir a partir de la visión de lo que quiero ser eso, esa opción se convierte en una realidad en mi vida y cuando menos me dé cuenta estaré siendo la mujer triunfadora que soñé.

No temas a las incertidumbres del futuro, ni dejes que las condenaciones de los fracasos de ayer dominen tu mirar hacia adelante. Este es un gran tiempo para vivir siendo y haciendo lo que deseas, y que sea una gran oportunidad para la familia. ¿Cómo hago para tener una manera de ser poderosa, para ya no tener ventas ocasionales sino ventas con presencia? ¿Para poder tener cada una de esas siete C de las que hablamos?

¿Cómo puedo empezar a estar alineada con otros? ¿Cómo puedo tener una visión poderosa? Muy sencillo: con compromiso.

El compromiso es una declaración verbal que sostengo con acciones. Yo no me comprometo con lo que va a pasar. Me comprometo a hacer que las cosas pasen. Conforme a tu compromiso le darás al mundo, pero también conforme a tu compromiso recibirás de él. Si estás comprometida a ser una gran líder en la compañía, la gente te tratara así.

Estás leyendo este libro porque un tiempo atrás elegí comprometerme a escribirlo y estar con la gente, aprendí, me entrené, me preparé. Hubo muchas veces en las que era más lo que me faltaba que lo que tenía. Sin embargo, partí del compromiso.

Por ejemplo, en mi carrera como escritor he conocido a mucha gente que me ha dicho: «Me encantaría tener libros publicados como usted». Pero eso no pasa de ser un deseo. La diferencia entre esas personas y yo es que me comprometí a escribirlos y no me quedé con el solo deseo que ellos expresaron.

El compromiso es una declaración que sostengo con acciones. El compromiso no se descubre, se declara. Por tanto, empieza a declarar que serás una mujer triunfadora. La manera de ser de una persona es conforme a sus compromisos.

Hoy puedes decirte: «Este es el primer día del resto de mi vida, quiero ser un presente para los demás. Ser un regalo para la gente que tengo a mi alrededor».

El asunto no solo es plantear una declaración, sino sostenerla con acciones. Si tu límite es el tiempo, comprométete hoy a dedicarle una hora por día. ¿No tienes una hora? Media hora. ¿No tienes media hora? Quince minutos. ¡No importa! Cuando le empieces a dedicar el tiempo prometido y no el que te sobra, un tiempo comprometido con el negocio, vas a empezar a ver salud, vas a empezar a ver dinero, vas a empezar a ver influencia, vas a empezar a ver posibilidad. Seguramente vas a ir por mucho más. Compromiso es lo que le das al mundo, pero también es lo que el mundo te dará.

¿Por qué suceden las cosas? Porque hay gente comprometida. Suceden porque el compromiso no tiene que ver con las emociones. No me levanto en la mañana y digo: «Ay, hoy no tengo ganas. Ya que soy mi propio jefe, hoy no trabajo». Así no son los jefes. Yo no escucho jefes diciendo: «¿Te sientes mal? No vengas. ¿Estás de mal humor? Vete a tu casa. ¿No quieres hacer nada? No te preocupes yo lo hago por ti».

Deja de tener ventas ocasionales para tenerlas con presencia, 70/30 cada día construyendo un imperio con bases sólidas y clientas fieles, reclutamiento para tener equipo, y empiezo a venir desde mi futuro comprometido.

Comprométete con hacer de estos días los mejores del resto de tu vida. Comprométete a mostrarte a ti mismo, a ti misma, que puedes lograr aquello que buscas. Quizás tu pasado te diga que no. Quizás tu bolsillo te diga que no. Pero no te detengas. Empieza a hablar. Empieza a moverte. Empieza a vender.

La ley de la gravedad es para todos. Eso significa que todos estamos constantemente inducidos hacia el centro de la tierra. Por eso es que cuando uno se quiere elevar, la ley de la gravedad lo hala hacia abajo. Así mismo ocurre cuando intentas alcanzar los objetivos más altos, sientes como si una manito estuviera detrás de ti halándote hacia abajo. Hacia el centro de la tierra. Diciéndote: «Bueno . . . ya este mes lo perdiste, ¿qué vas a hacer? Y si . . . nadie te acompaña . . . ¡qué pena! No lo vas a lograr . . . recién empiezas . . . o . . . ya llevas muchos años en esto».

¡Elévate! . . . ¡Comprométete! Haz de este día el más grande. Aprovecha este tiempo maravilloso para incorporar esta manera de mirar y de accionar que ha hecho de miles de mujeres en diferentes lugares del mundo y en diferentes compañías mujeres triunfadoras.

Todos somos importantes. Una mujer triunfadora nace cuando se compromete con su futuro. Que nadie te hale hacia abajo. Cada día, como mínimo, atiende a un cliente. Usa tu mejor tiempo para influenciar en tu comunidad y marcar la diferencia. Dales la oportunidad a aquellas lindas mujeres que tienes cerca para que también disfruten de los beneficios de la belleza y la buena vida.

SEGUNDA PARTE

El hacer de una mujer triunfadora

Calcula el valor de un campo y lo compra;
con sus ganancias planta un viñedo.
Decidida se ciñe la cintura y se apresta para el trabajo.
Se complace en la prosperidad de sus negocios,
y no se apaga su lámpara en la noche.

—Proverbios 31.16–18 NVI

Capítulo 7

Entiende el mundo en que vivimos y el modelo de gestión

Una mujer triunfadora sabe que el mundo ha cambiado. Pero no espera que venga sino que va por él. Diseña acciones poderosas para lograr lo extraordinario y hacer que ella y su equipo logren su objetivo. Debido a eso es que entender el mundo de hoy es clave, para así ir por más. No vivimos en un mundo que está cambiando, sino en uno que ya cambió y que se encamina hacia un modelo que muta constantemente.

El siglo pasado fuimos influenciados por un modelo cuya clave era tener. Actualmente la clave es acceder y experimentar. Nuestros abuelos se preocupaban por tener más bienes, nuestros hijos se preocupan más por experimentar mayor cantidad de accesos a nuevos estilos de vida.

La cultura del siglo pasado, en la que primaba la compra-venta, está desapareciendo y dándole lugar a la cultura de la venta relacional. Antes existía el comprador y el vendedor. En esa relación lo importante era lo que había entre ellos: el producto. Por eso el énfasis se hacía en el precio del producto, la calidad del producto, el empaque del producto, la distribución del producto, la competencia del producto, etc.

El mundo de hoy es uno de suministradores y usuarios. En este la clave del éxito no es solo la venta en sí, sino el poder establecer una relación de confianza y durabilidad con el comprador ... que hoy se convierte en usuario. En medio de la relación suministrador-usuario lo que hay es un contexto de conocimiento y de relación.

Cinco espacios de gestión para una mujer triunfadora

Es maravilloso saber que no trabajas sola ni dependiendo de alguien. Que tu modelo de gestión en la organización es interdependiente. El mismo implica respeto y mucha comunicación con los otros miembros de tu equipo, con la compañía, con tu *upline* y con tus pares. De modo que para que tu desempeño aumente debes aprender a verlo desde la perspectiva de los cinco espacios de gestión: pertenencia, incentivos, reconocimientos, desarrollo y dinero.

Pertenencia

Las mujeres triunfadoras son las que lideran con la perspectiva de brindarle una familia a cada persona que se acerca. Muchas mujeres que las siguen no lo hacen solamente por el dinero, sino por pertenecer a una gran organización, a un gran sueño, a una nueva manera de hacer las cosas. Estadísticas recientes nos cuentan que lo primero que les importa a las personas son los desafíos y que la paga se ubica en el puesto número catorce de la lista.

Es fabuloso entrar a esos magnos eventos y ver a miles de personas saltando, riendo, emocionadas por lo que viene, contentas por lo que viven, agradecidas por lo que hacen. Como dice una famosa tarjeta de crédito: «Ser miembro [pertenecer] tiene sus privilegios. Pertenecer implica que como líder me preocupo y me ocupo cada vez que nuestra gente se reúne, de la imagen, de la identidad, de que cada una conozca en profundidad quiénes somos y a dónde vamos.

Reconocimientos

Ya no vivimos en la era de «Pienso, luego éxito»; podríamos decir que estamos en el mundo de «Siento, luego existo». La experiencia es una de las pasiones más grandes de las mujeres triunfadoras. Recorrer lugares del mundo junto con otras que también lo lograron y sentirse reconocidas por los avances, por el crecimiento de los equipos y por los brillantes resultados es una constante.

Cada vez que la compañía ofrece un viaje, este revoluciona la vida de toda mujer triunfadora. Ella sabe lo que eso significa para su gente. No es solo por mérito, son viajes por reconocimiento. La mujer triunfadora quiere que cada vez y en cada oportunidad salga de su boca : «Me lo gané» y que salga de la boca de toda su gente la misma frase. Cada viaje es como un nuevo punto en el camino hacia el éxito. Como una medición y un escalón de descanso hacia la cima. Cuando los viajes se anuncian, la triunfadora no lo toma solo como algo de futuro sino como algo constante de cada día, parte de las conversaciones cotidianas. Ella desea y anhela que toda su gente pueda participar de ese próximo viaje y hace todo lo que esté a su alcance para que eso suceda.

Incentivo

La mujer triunfadora enseña a cada una de su equipo los diferentes bonos e incentivos que puede ganar. Su función es ayudar a cada mujer que se le acerca a no solo tener acceso a la belleza o al bienestar o a la juventud, sino también acceso a la buena vida. Conocer y promover cada oportunidad que se tiene es parte de la vida de una mujer triunfadora.

Muchas mujeres no aprovechan cada opción, cada bono, cada incentivo, esencialmente porque no accionan . . . solo reaccionan. Se acuerdan de la oferta el último día y luego se molestan por no haberla generado. Pero, con propósito y orden, los incentivos pueden marcar una gran diferencia. No llego muy lejos si solamente creo que tengo un negocio de venta de productos. Llego a la cima cuando comprendo que tengo entre manos una oportunidad irresistible de crecimiento, de gratas experiencias, de incentivos y bonos que mejoran la economía familiar y de una carrera como líder de la organización. Búscalo y encuéntralo.

Dinero

Hay una gran diferencia entre una mujer triunfadora y otra que todavía no lo es. La que no lo es, a fin de mes primero mira su cheque. La triunfadora mira cuánto ganó cada una de las mujeres que están con ella. Es parte de su vida que cada persona que elige crecer a su lado pueda estar ganando dinero. Obviamente conforme a sus propios compromisos y su deseo de progresar. La triunfadora alienta a las demás a ir por más y respeta el compromiso de cada una y hasta dónde quiere llegar. Pero se ocupa, está presente. Entiende que su organización crece cuando ella tiene empatía financiera, esto es mirar por los intereses financieros del otro. Cuando ayudas a la otra a ganar, cuando crece su capacidad financiera, cuando te ve que eres su líder también en todo, la mujer te seguirá y entrenará a las que le siguen del mismo modo.

Desarrollo

La triunfadora invierte constantemente en su crecimiento continuo. Es alguien que sabe que el que no crece, decrece; tanto en lo personal como en equipo. Siempre está buscando nuevos niveles de desafío, eso hace que necesite nuevos niveles de aprendizaje. Y del mismo modo pasa con su gente. Invierte y entusiasma a otras a que lo hagan. Comprende que el desarrollo es una siembra que siempre trae buenos frutos.

No solo se ocupa de cómo están haciendo el negocio, o quiénes son las mejores ese mes, o quiénes reciben los mejores reconocimientos, también se dedica a ayudarlas a ser triunfadoras integrales. Ser triunfadora, el hacer de una triunfadora y el relacionarse de una triunfadora es lo que busca cada día para sí y para toda persona que le rodea.

Conocemos grandes líderes con excelentes habilidades para hacer pero con enormes deficiencias en el ser. Sin embargo, eso se puede trabajar. La mujer triunfadora entiende que el ser está en constante formación. Cuando viene alguien y le dice: «Yo soy así», ella entiende que está siendo así, pero que puede ir hacia otro lugar.

La triunfadora no se queda con la historia de que hay que buscar a las mejores. Ella forma a las mejores. Tiene como modelo de vida que toda persona puede cambiar, que todos pueden ir hacia algo más allá en su diario vivir y que todos pueden hacer, hacerlo bien y disfrutarlo. Por eso, cada mes, cada día, analiza y piensa qué más se puede hacer para que su medio de influencia crezca y alcance su máximo potencial.

Las mujeres triunfadoras entienden que hay que mantener y promover la pertenencia, que deben promover y contar cada viaje, que se deben ocupar de que todas y cada una viva y reciba los incentivos y los bonos, que cada persona que está en su red de influencia reciba lo que se le comprometió en caso de ganar y que todas en todo momento se desarrollen, se expongan a nuevos niveles de entrenamiento en su ser, en su hacer y en su manera de relacionarse.

Capítulo 8

El lenguaje en acción

Repasemos uno de los puntos más importantes del ser de una mujer triunfadora: la definición de compromiso. Como lo he dicho anteriormente, el compromiso es una declaración verbal que se sostiene con acciones. Y si te comprometiste a ser triunfadora, debes comenzar a comportarte como tal. No esperes serlo para parecerlo, al revés, parécelo y lo estarás siendo.

Por eso debemos poner nuestro lenguaje en acción. Pensar, decir y hacer en una misma línea. Así llegaremos a la cima. Por cierto, en ese camino tenemos que profundizar algunos principios que nos ayudarán a hacerlo y de un modo poderoso.

1. Premia a los preferidos

A cada uno de aquellos que han sido una opción, prémialos. Las mejores clientas, los mejores del equipo, las personas que trabajan contigo. Muéstrales que eres un líder agradecido. Vivimos en una sociedad acostumbrada a tener grandes triunfadores porque han sido excelentes observadores de la vida y avezados en algún área o dominio. Pero algunos más profundos nos invitaron a que no solo miremos por nosotros sino que miremos por el otro. En el mundo de hoy eso ya no alcanza. No debemos mirar por uno mismo o por el otro solamente sino a partir del otro. Eso es no solo estar presente con el otro sino convertirse en un presente. Entre tus habilidades y competencias de mujer triunfadora está el vivir en el dar.

CASO 9

Vive en la entrega y así recibirás más

Era la primera vez que iba a la oficina de una de esas mujeres triunfadoras. Habíamos terminado una conferencia, todo el mundo se había ido y nos quedamos conversando sobre las acciones a futuro. En un momento, al terminar la conversación, me preguntó: «¿Cuántas hijas tienes? ¿Y qué usa tu mujer?». Le respondí que tres. No dije una. Y le dije lo que yo sabía que mi esposa prefería.

Sin dudarlo me llevó a donde tenía todos los productos y me dio un obsequio para cada una de mis mujeres. Tomó un bolso de la compañía y me lo obsequio con cada uno de los presentes para mi familia. Cuando paso delante de ese bolso recuerdo a quien elige vivir en la entrega, no en el intercambio. Única manera de llegar a ser una mujer triunfadora.

Mientras escribo estas líneas, esa misma bella mujer está en Facebook siendo galardonada como una de las mujeres de importancia en su país junto con otras damas de renombre. Cuando me detengo a mirar la foto de todas esas mujeres seleccionadas por su influencia en algún área de la comunidad, recuerdo que todas traían una valija con productos que ella les obsequió.

No se puede vivir en un negocio relacional con el puño cerrado, sin abrir los productos porque «solo tengo los que tengo que vender», sin premiar a aquellos que te acompañan en la tarea y se la juegan contigo y por ti. Eso te hará una mujer triunfadora.

2. Pedir, ofrecer, invitar y crear enfoque

Pedir y ofrecer

¿Sabes que muchas triunfadoras no logran el resultado que buscan porque no se ocupan de hacer pedidos y ofertas de una manera poderosa? Hacen todo bien. Generan espacios, dan acceso al bienestar y la belleza, les muestran la buena vida a cada uno de sus prospectos, atienden a su equipo muy profesionalmente, generan pertenencia en su red. Sin embargo, no tienen resultados. En diferentes procesos que vivimos no podíamos comprender qué era lo que pasaba. Todo fabuloso hasta el cierre, allí se lograba la mitad de lo que se sabía que se había generado.

Descubrimos que algunas no hacen su pedido porque no saben cómo. Muchas de las personas que podrían estar completando tu orden del mes no lo hacen porque no entienden la cantidad o la gama de productos que hay disponible para ellas. Si es una usuaria simplemente, porque espera de ti; si es alguien parte de tu equipo, es porque quizás no se anima a decírtelo. Reconoce y acepta que no todos conocen todo lo que hay y que desean más.

Elige pasar tiempo preguntando y ofreciendo tus servicios para que todas sepan todo lo que la compañía tiene para cada una de ellas. Si puedes hablar con tu gente, tener una escucha activa y no solo pensar en un trámite de compraventa; además, escuchas sus situaciones, y lo que necesitan, posiblemente ese día reclutes a treinta personas para tu equipo.

Promover

Conviértete en una opción, sé una posibilidad. Cuando abres el juego y no te reduces a pensar que «Tengo que vender» o «Tengo que ampliar mi equipo», sino que te agrandas pensando que «Tengo que influenciar», probablemente tus ventas ese mes se dupliquen y tu equipo crezca.

Cuando no te reduces a «No sé cómo voy a cerrar este mes», sino que te enfocas en lo grande, en poder cambiar la vida y ayudar en la belleza de cada una de las que tienes alrededor, venderás un montón.

3. Invita a comer

A todos aquellos que están siendo también una buena opción, invítalos a comer. Relaciónate con la gente que trabaja contigo. Si eres de los líderes que solo llama una vez por mes, el último día, a las once de la noche para ver cómo le fue en el mes, no tendrás autoridad para que te abra su interior, te cuente lo que le pasa y experimente contigo su crecimiento.

Tienes la gran oportunidad de crear un mundo diferente a tu alrededor, con tu equipo. Emprende nuevas relaciones de negocios. Pregúntate quién alrededor de ti necesita belleza.

4. Crear en el cierre

Genera nuevos espacios para nuevas preguntas. Cada mes pídele a las integrantes de tu equipo —desde la más nueva hasta la que lleva muchos años contigo— que anoten los testimonios y que pregunten entre sus clientas cómo les fue con tal o cual producto, en qué lo usaron y cuanto. Cada evento, cada experiencia que este negocio te plantea y te brinda como posibilidad para que le des acceso a la belleza tiene que ser también un buen medidor para ti, de modo que sepas en qué punto está tu equipo en relación con cada cliente.

A veces nos comprometemos demasiado con la meta y nos olvidamos de la gente. Genera un espacio de relación con quien hizo el proceso. Cuando vives alocada tras un objetivo, pierdes de vista la tranquilidad y la grandeza de vivir en la visión.

Ahora, cuando vives en la tranquilidad y en la grandeza de vivir en la visión tu caminar por más que sea rápido y a un ritmo acelerado, te va a dar la posibilidad de hacer crecer tu equipo, incluir nuevas líderes, de generar ventas, de generar opciones, de ser una posibilidad para tu gente.

5. Usa tu inteligencia, pero más tu sabiduría

La diferencia entre sabiduría e inteligencia es que la primera es inteligencia aplicada. Todo lo que estés aprendiendo en este libro, ponlo en práctica inmediatamente. No esperes a saberlo todo para llevarlo a la aplicación. Actúa y ve aprendiendo sobre la marcha . . .

Que cada ejemplo que aquí recibes te sirva para preguntarte cómo lo aplicarás en tu vida, en tu negocio, en tu compañía. Que cada uno de los principios que te recomendamos para ser una mujer triunfadora lo pongas inmediatamente en movimiento. Seguro que las circunstancias, la historia, las personas y hasta tú mismo, más de una vez buscarán boicotearte para que dejes esto de lado, para que lo olvides, para que vuelvas a la misma rutina reaccionaria de ayer.

La mujer triunfadora no permite eso. Y tú eres una de ellas. Hoy es el primer día del resto de tu vida, así que danza sobre tus sueños, hazlos grandes y vuela hacia ellos. Recuerda que lo que hace volar a los grandes aviones no es solo la fuerza y el poder de sus motores, sino la manera en que rompen el viento que viene en contra.

Siéntete como un artista que va pincelando su negocio y que usa cada color que la herramienta que tiene en la mano le da. Entretanto, lo disfrutas . . .

6. Paciencia

Necesitamos que seas paciente. Tú eres una oportunidad, no un presionador. La gente estará contigo porque se enrola, no porque estés cada día hostigándola. Las mujeres triunfadoras con toda su energía atraen a aquellas que desean acompañarlas.

Sé paciente. La palabra en griego para definir crecimiento es *auxano*, que significa: sin prisa y sin pausa. Por tanto, sé paciente que el crecimiento viene. No lograrás que una planta crezca más rápido porque le arranques una hoja. Tienes que cuidar su tierra, cuidar su ambiente, cuidar la cantidad de sol que necesita. Lo mismo ocurre con tu equipo. Sé paciente y parte desde la visión, viendo cada día los frutos. No dejes que nada ni nadie te detenga y te haga creer que no naciste para ser triunfadora.

Claro que puedes. Y mucho. Puedes llevar a muchas mujeres a que te acompañen a un nuevo tipo de sociedad de emprendedoras y triunfadoras que son pacientes con el crecimiento de sus metas, de su visión, de su gente.

Otra buena traducción de paciente es «largura de ánimo», lo que significa que tengo el ánimo y el alma tan extendidos hacia el objetivo —el nuevo carro que me voy a ganar, el nuevo viaje al que iré, los nuevos porcentajes que recibiré en mi cheque, el crecimiento del equipo que voy a tener—, que tengo el ánimo alargado hacia quien elijo ser. Cuanto más lejos deseas llegar, más paciencia le debes poner.

7. Energía positiva

Basta de gente con caras alargadas y de mal humor. Las triunfadores se arreglan desde la mañana para vivir una fiesta y hacer de cada día una celebración. Su energía y su aroma se expande alrededor y todo el que pasa a su lado lo huele. Se huele su optimismo, su fe, su deseo de ir por más.

No es que esté en un estado de porrista crónico. No, sino que es alguien que fluye desde adentro hacia afuera.

Las triunfadoras viven la fiesta que es vivir agradecidas por lo que Dios les dio a su lado. Y si hasta ahora no lo hiciste, pruébalo hoy. Arréglate desde temprano, no importa si sales o no, saluda a todo el mundo con una sonrisa, elige ser entrega y un presente para todo ser vivo que pase a tu lado y verás cómo esa conexión poderosa generará los espacios de triunfo.

El éxito no es solo una cuestión de hacerlo bien, sino de sentirlo bien. Si triunfaste hoy, disfrútalo. Si no lo hiciste, comienza a vivir a partir de lo que viene y no de lo que se fue. Algunas se enredan en una serie de sentimientos que no les permite disfrutar de su crecimiento sin prisa y sin pausa, ni convertirse en mujeres triunfadoras.

Mucho tienen que ver las cosas del ayer. Recuerda . . . la única manera de llenar un vaso es si está vacío.

Agradece que mucho de lo que se vació hasta ayer te permite llenar el vaso de tu vida con nuevas fuerzas, nuevo conocimiento, nueva sabiduría. Esa energía llegará a toda tu gente, a tus clientes. Y que bendición más grande para ellos que confían en que eres tú quien les dará acceso a la belleza, al bienestar y a la buena vida cuando les des poder en cada pequeño detalle.

Además, basta de gente negativa alrededor. Si alguien sigue así, dale un abrazo bien grande. Porque el amor derrite hasta el asfalto. Pero si sigue con esas ganas de mirar el mundo desde la oscuridad y no desde la luz, déjalo ir . . . Las triunfadoras son las que pelean a cada persona hasta el último instante pero cuando la misma se empecina en no comprometerse, en quedarse en el ayer, en no crecer en su oportunidad de tener una vida mejor, un cheque mejor, un negocio mejor, la dejan ir . . . Con amor, pero con firmeza. El amor no es permisividad.

Algunas mujeres que deberían estar triunfando con multitudes retrasan su propósito porque son permisivas con la gente que no desea crecer, que desea molestar, que desea vivir con mala actitud.

Y no me estoy refiriendo a aquellas que han elegido tener un negocio chiquito y allí se quedan. Te encontrarás con muchas que quieren tener un negocio pequeño y punto. Bendícelas porque ese es su compromiso. Me refiero a quienes todo el tiempo son negativas, no importa el nivel de negocio que tengan. La negatividad no tiene que ver con las circunstancias, tiene que ver con lo profundo del corazón. Con quien es la persona internamente, con quien elige ser. Y hay algunas que solo desean tener nuevos espacios para seguir castigándose.

Tampoco pierdas mucho tiempo opinando sobre ellas porque eso afectará tu triunfo. Ámalas. Ámalas mucho, ámalas con pasión, pero si desean seguir así, no seas permisiva y suéltalas. Sé una mujer que derrama bendición, que inunda de buen aroma a sus seres cercanos y que, por sobre todo . . . a todos y a todo lo recibe con una sonrisa.

8. Maneja tus frustraciones

Saliste a la calle y no vendiste nada, no sumaste a nadie a tu equipo, úsalo como aprendizaje. Recuerda las estadísticas. Por tanta cantidad de ventas que no hagas, hay tanta cantidad de ventas que haces. Así que si en las últimas horas no hiciste nada, es que viene el aluvión de lo que sí harás.

Nos gusta decir y repetir: «Si no tengo futuro, el pasado me aplasta. Si tengo futuro del pasado se aprende». Aprende de cada fracaso. Levántate y ve por el triunfo.

9. Organízate

Sé organizada. Tómatelo en serio. Trabaja con cada persona. Las triunfadoras con las que experimenté son mujeres que están listas y se preparan para que su negocio crezca.

Se levantan cada mañana en busca de sus desafíos, de concertarlos con su casa, con su familia, con sus hijos y, en algunos casos, también con sus estudios. La preparación es el grado más alto de creencia. Cree más y seguramente algo sucederá contigo.

Mientras te arreglas cada mañana, te miras al espejo y te dices: «Esto me lo tomo en serio». Pero no me refiero a tu negocio, a los quehaceres con los niños, o a la casa. Me refiero a ti. Si cada día te tomas en serio, todo a tu alrededor asumirá la misma conducta. Si tú no te cuidas, no te preparas, no haces nada por ti, solo reaccionas a lo que va sucediendo y buscando como hacerlo de la mejor manera, estás boicoteando tu compromiso de ser triunfadora.

Eso no tiene que ver con todo lo que te rodea, tiene que ver contigo. Con tu futuro. Con tus ganas de ponerle a la vida algo diferente. Es un buen momento para subirnos sobre la tabla y esperar la próxima ola. No esperar que venga chiquita porque «tengo miedo» sino desear con gran anhelo que venga grande. Y no preocuparme si la anterior me revolcó y apenas logré subir a la tabla. Estoy absolutamente agradecido porque vino la anterior, de la que aprendí, y hoy tengo esta otra que me permite ir de nuevo por más.

Confía en llevar cada día de una manera maravillosa. Eres una mujer triunfadora que va en busca de su premio. Que se pone su mejor vestido, que se esmera con todo lo que tiene a su alcance y que sale sabiendo que pisará la alfombra roja del éxito y que recibirá su recompensa.

Capítulo 9

Las herramientas de ataque en el partido

El lenguaje te permite jugar el partido desde otra posición: Ser poderosa. No ser solo espectadora, ser protagonista. Lograr la máxima productividad requiere de ti una estrategia de juego especial. Tienes que decir «jugar en primera», como se dice en Hispanoamérica o jugar en las Ligas Mayores, como escuchamos en Estados Unidos. El caso es que necesitas saber cuál es tu equipo ofensivo, tu delantera, lo que te permitirá marcar tantos y salir airoso, llevar el juego a ganar.

La herramienta principal del líder es su lenguaje, su manera de hablar. Tu actividad no es manejar gente, ni siquiera equipos. Lo que manejas es acuerdos. Y cuando te vuelves experta en el manejo de acuerdos conquistas lo extraordinario. Por eso el lenguaje que necesitamos para la ofensiva es uno que use bien las ofertas y las promesas.

Esas herramientas lingüísticas, las ofertas y las promesas, son las que nos permitirán marcar puntos. De esos actos lingüísticos hablamos extensamente en nuestro libro *Logra lo extraordinario*, que te invitamos a leer. Veamos un resumen interesante:

Ofertas

La capacidad de hacer ofertas está directamente relacionada con la «actitud de servicio». Los seres humanos hacemos ofertas cuando consideramos que somos una oportunidad para los demás. Dado que la oferta apunta a los intereses de la otra persona o grupo, es indispensable escuchar y entender sus necesidades para generar ofertas que sean de utilidad.

Cuando dudes en formular una oferta, te invitamos a que incorpores la práctica de preguntarte: «¿Cuál es mi compromiso?». Si ante una situación determinada en la que declaras tu compromiso de obtener un resultado cualquiera no te animas a hacer una oferta, es muy probable que estés comprometido con tu imagen y no con el resultado que dices que quieres lograr. Eso no está ni bien ni mal, la pregunta que se impone es otra: «¿Te resulta útil este juego de acuerdo con el resultado que quieres lograr?».

Como las ofertas son, en esencia, movimientos de apertura para obtener promesas, abarcan los mismos elementos básicos que identificamos en estas. De ahí que incluyan un orador, un oyente, unas condiciones de satisfacción y un factor tiempo. Una promesa que no especifica con claridad el tiempo en el que debe cumplirse o las condiciones de satisfacción, no es tal cosa.

Promesas

Promesa es lo que decimos para expresar el compromiso de llevar a cabo lo que solicita otra persona. Ello implica que uno comprende muy bien la petición de la persona y que, además, es competente y sincero en cuanto al cumplimiento de lo que nos pide. La confianza es un juicio muy importante que hacemos sobre el rigor y la sinceridad de las promesas de una persona. Cuando las promesas no se cumplen y la persona no asume la responsabilidad de las consecuencias del fracaso, el solicitante puede sentirse o bien traicionado o albergar resentimientos y empezar a desconfiar de esa persona. Sin confianza, las relaciones, las organizaciones y las sociedades se encontrarán en un estado de continua vigilancia y caos.

Gran parte de nuestra vida social se basa en nuestra capacidad de hacer y cumplir promesas. Por eso, cuando lo analizamos, vemos que el acto de hacer una promesa comprende cuatro elementos fundamentales:

- Un orador
- Un oyente
- Una acción a llevarse a cabo, con condiciones de satisfacción.
- Un factor tiempo, en el que se involucran el proceso de hacer la promesa y el de cumplirla.

Las promesas siempre incluyen una conversación entre, al menos, dos personas. En nuestras conversaciones internas, las aparentes promesas pueden convertirse en declaraciones. Por ejemplo: «Prometo comenzar los ejercicios el viernes». Para hacer la distinción de una promesa decimos que necesitamos a «otro», o sea, otra persona que se comprometa con nosotros, o bien que nosotros nos comprometamos con ella, para realizar una acción. En la danza lingüística de las promesas se espera de ese «otro» más que un simple oidor. Se espera de ambos interlocutores que su acción vaya más allá del solo hecho de escuchar. Por lo tanto, la *promesa* involucra dos acciones lingüísticas: la de ofrecer una promesa y aceptarla, y la de pedir una promesa y aceptarla.

Eso significa que harás goles ofreciéndole al mundo lo que tienes que darle y prometiéndole que cumplirás. No avanzas describiendo lo que pasa, avanzas generando lo que deseas que pase.

Por otra parte, el poder de la oferta ayuda a diseñar un nuevo mundo. La misma se convierte en un compromiso firme cuando es aceptada por el otro e involucra la autoridad de quien la emite. La oferta evita que nos dediquemos a conocer argumentos o a pelear con ellos, ayudándonos a conquistar nuevos horizontes. En cuanto a la promesa, esta produce una gran motivación y energía en quien la emite. La promesa lidera, cambia, provoca, enrola.

Además, con ofertas y promesas hago que mi equipo, que mis clientas, que mi medio ambiente, entiendan que elijo jugar a la ofensiva, no a la defensiva. En el centro, que es donde se arma el juego, donde se cuida la cancha, donde preparo la ofensiva, se usan otras herramientas. En la base o el medio se usan las declaraciones, los pedidos y los reclamos.

Las declaraciones se usan para cambiar la realidad, y son válidas o inválidas, conforme a la autoridad de quien la emite. Los pedidos con autoridad, claridad de propósito y dominio específico nos ayudan a avanzar al frente y los reclamos nos ayudan a ver y corregir los errores hasta ahora cometidos.

Declaraciones

En cuanto a las declaraciones, debo decir que la palabra modifica al mundo. Es más, este debe adecuarse a lo dicho. De modo que las declaraciones se presentan en otro ámbito, el de la posibilidad. Desde el punto de vista lingüístico, la declaración crea el mundo que no existe para nosotros. Esto quiere decir que el poder de la lengua está en la declaración.

Esa declaración puede que sea poderosa o no. Incluso, puede que no tenga el efecto deseado. La acción siempre produce algo. Entre las declaraciones tenemos los juicios, las promesas, las ofertas y las peticiones. Además, el objetivo de estos actos lingüísticos es incorporarlos hasta tal punto que logren distinguir lo que se está hablando. Para ello se requiere que los interlocutores tengan voluntad, que escuchen, observen y presten atención. Asimismo, es importante que todo esto se destaque bien en su lenguaje y que sean capaces de distinguir si están describiendo o generando algo.

Las declaraciones son un acto del lenguaje en el que una persona, con la autoridad para hacerlo, crea algo nuevo que no existía antes. ¡Imagínate! El lenguaje tiene la capacidad de abrir un espacio de posibilidades para los seres humanos.

Las declaraciones personales del tipo «Voy a perder quince kilos antes del 1 de julio» o «Escucharé con más paciencia las preocupaciones de mi mujer», tienen el poder de determinar el rumbo de nuestras vidas, si van seguidas de un comportamiento consecuente. Por eso, las cuestiones a considerar relativas a las declaraciones son: ¿Tiene la persona la autoridad para hacer esa declaración? ¿En qué grado se compromete a vivir de manera que cumpla la declaración? Sin duda, solo generamos un mundo diferente mediante nuestras declaraciones si tenemos la capacidad de llevarlas a cabo. Esta capacidad puede provenir de la fuerza que se nos ha otorgado como autoridad. (La autoridad es el poder que nosotros, o la comunidad, otorgamos a ciertas personas para hacer declaraciones válidas.) Veamos dos ejemplos de fuerza y autoridad:

- *Ejemplo de fuerza:* Declaración de estado de sitio en un país.
- *Ejemplo de autoridad:* Poder dado a un juez de paz para celebrar un matrimonio y declarar marido y mujer a una pareja.

La acción de hacer una declaración genera una nueva realidad. Una vez que se hace la declaración, las cosas dejan de ser como antes, pues las declaraciones no son verdaderas ni falsas, como lo son las afirmaciones. En realidad, son válidas o inválidas, según el poder de la persona que las pronuncia. Entonces, ¿cuál es mi compromiso al hacer una declaración?

Cuando declaramos algo, nos comprometemos a comportarnos de manera coherente con la nueva realidad declarada. Por ejemplo, el juez que celebra una ceremonia matrimonial no se puede arrepentir después. También nos comprometemos por la validez de nuestra declaración. Eso significa que tenemos la autoridad para hacer tal declaración y que se hizo de acuerdo con las normas que acepta la sociedad.

¿Para qué sirven las declaraciones? Las declaraciones sirven para lo siguiente:

- Para crear un mundo distinto.
- Para generar proyectos.
- Para cambiar el curso de los acontecimientos.
- Para hacer realidad las metas, para recrear las relaciones.

Peticiones

Una petición es la acción que busca la ayuda de otro para satisfacer el interés del solicitante. Se hace en el presente, en el momento de pronunciarla, pero invita a una acción futura pronunciada por otro u otros. Implica también un compromiso por parte del solicitante que se satisfará si se cumple con las condiciones que se precisan en la petición. Si estas condiciones se cumplen y el solicitante no está satisfecho, la persona que ha cumplido su promesa puede considerar al solicitante manipulador, injusto o exigente.

Pedir implica reconocer que uno necesita algo que puede obtener con la ayuda de otra persona. Admitir la carencia que implica una petición (algo que me falta) hace que muchas personas elijan no pedir o lo hagan sin rigurosidad para ocultar sus necesidades. La interpretación encubierta de esta manera de ser tiene que ver con la autoestima, pues para algunas personas el pedir implica debilidad o incompetencia. Una forma de superar esta creencia es reconocerse humano y ver en la petición una oportunidad que implica para el otro la posibilidad de ayudar o sentirse útil.

Otra de las razones por las que algunas personas no piden es para no sentirse rechazadas. Hay quienes no pueden diferenciar entre un «no» a su petición y un «no» a su persona. Tras cada petición hay un «interés subyacente» que quiere satisfacer el que la formula. Este interés tiene que ver con algo que le resulta valioso y que se relaciona con los valores que rigen su vida.

Quejas y reclamaciones

Después que alguien nos hiciera una promesa y no la cumpliera o no lo hiciera de la forma en que se lo pedimos (condiciones de satisfacción, tiempo), tenemos la posibilidad de hacer tres cosas:

- *No decir nada:* Este enunciado lo explica todo.
- *Quejarnos:* A decir verdad, tenemos dos alternativas: Buscar personas con ciertas características para que nos escuchen, pero que casi nunca pueden hacer nada para solucionar el problema. Contamos con su simpatía y sabemos que vamos a tener su apoyo, se harán cómplices de nuestra posición de víctimas, sin ser sinceras para señalarnos las posibles incoherencias en nuestro relato. La otra alternativa está en el dominio emocional: Las quejas expresan descontento y enojo, por lo que tendemos a buscar una venganza para castigar al otro por su incumplimiento. En este caso, lo que hacemos es hablar de la persona que consideramos responsable de lo que nos pasa, dañando su identidad, pues comenzamos la conversación quejándonos sobre la promesa incumplida y terminamos emitiendo una cantidad de juicios acerca de su irresponsabilidad, por ejemplo: «Siempre me haces lo mismo», «Eres un irresponsable», «No tienes derecho», «Esto no es posible», «Me tienes cansado», etc. Por lo general, con esta modalidad lo que disparamos en el otro es una reacción de rechazo.

- *Reclamar:* Dado que tenemos el juicio de que hay un daño ocasionado por el incumplimiento de la otra persona y una conversación con resentimiento al respecto, la reclamación es una forma de generar acciones que reparen el daño y mejoren el estado de ánimo. Esto se orienta a buscar una solución, no un culpable. Permite, además, crear un espacio para el aprendizaje, ya que puede revisar dónde o cómo se produjo el error o la ineficacia en la coordinación.

Además, para defender la cancha necesito descripciones y valoraciones. Tengo que fundar con hechos, ser un buen observador. Es entonces que usamos las descripciones, también llamadas afirmaciones y valoraciones. No usamos una declaracion. Necesitamos dividir la interpretación del hecho.

Afirmaciones = Descripciones = Observaciones = Hechos

Las afirmaciones son proposiciones acerca de nuestras observaciones. Con todo, debemos recordar que no describen las cosas como son, sino de la manera en que las observamos. Entonces, ¿para qué sirven las afirmaciones? Ya sea en nuestra vida personal o laboral, ellas nos permiten contar con hechos o datos para evaluar de forma imparcial, y no arbitraria, determinadas situaciones. Las afirmaciones se pueden utilizar para considerar lo que es posible llevar a cabo, analizar las oportunidades futuras y para tener un panorama preciso de la realidad actual: dónde estamos y a dónde queremos ir.

Con las afirmaciones ejecutamos un acto lingüístico. Es decir, adquirimos un compromiso y debemos aceptar la responsabilidad social de lo que decimos. ¡Hablar nunca es un acto inocente! Por ejemplo, describo y afirmo que es de noche. Ya sea que lo diga o no, eso no hace que cambie la situación. En realidad, se puede comprobar. Es comprobable, y ustedes pueden comprobarlo, pero eso lo que hace es describir un hecho que consensuamos porque todos decimos que la oscuridad del exterior se llama noche. Para nosotros, ese es el acuerdo, quizá en otro lado no sea así.

Sin embargo, a veces algunos elementos no constituyen el mismo acuerdo lingüístico de nuestra sociedad. Tú hablas de «mesa» en algunas tribus de África y para ellos no existe tal distinción, la ven como un elemento para transportar leña, frutas y otras cosas. Entonces, el consenso es importante a la hora de entendernos. Por lo tanto, la afirmación lo que hace es describir un hecho observable o un objeto.

Las afirmaciones y las declaraciones tienen una serie de diferencias. Cuando nuestra palabra se adapta al mundo, se dice que nos referimos a la *afirmación*. Es decir, hablamos a partir de lo que vemos y describimos. Para su estudio, dividimos las afirmaciones en tres tipos:

- *Afirmaciones verdaderas:* «Ustedes están leyendo».
- *Afirmaciones falsas:* «Ustedes no están leyendo».
- *Afirmaciones variables o imprecisas:* «Mañana va a llover» (no está en mi poder que llueva, pues es una afirmación a futuro).

Por lo general, las afirmaciones son en presente o en pasado, ya que podemos contar lo que pasó y describir un hecho cualquiera.

Una afirmación es la descripción de la realidad o de un objeto. Estamos de acuerdo porque tienen que ser hechos observables. Si digo: «Esto es una casa», lo que hago es una afirmación. En caso de que diga que es «linda o fea», ya se trata de mi juicio. Lo primero, es una realidad que puedo decir, pero lo segundo sale de mí. Por tanto, podemos manifestar que las afirmaciones dependen de los acuerdos sociales.

Sin embargo, cuando la palabra modifica al mundo y este debe habituarse a ella, estamos hablando de una declaración. Por ejemplo, cuando el mundo se conforma a mis palabras, yo no lo hago como está. No declaro cosas negativas ni digo: «Nadie viene a la iglesia». Por el contrario, diré: «A partir de mañana voy a llenar todas las sillas. El Señor nos va a bendecir, pero vamos a trabajar para lograrlo». Esto una declaración que genera acciones, genera posibilidades.

También puedo decir: «Voy a empezar a hablarle a la gente porque esto es un desastre». En este caso, la declaración es negativa, pero es una declaración y estoy generando un mundo. Necesitamos que nuestras declaraciones no solo generen, sino que produzcan una realidad poderosa y eso depende de nuestro lenguaje.

Valoraciones

Las valoraciones o juicios constituyen un proceso mental a través del cual decimos que algo es de un modo u otro. Aun así, no describen nada externo. Son la interpretación de un hecho. No es la descripción del hecho en sí, sino que es la interpretación del mismo y, al emitirse, habla del observador que lo expresa y a quien le pertenece.

Los juicios están dentro de la clase de actos lingüísticos que denominamos «básicos», y se encuentra en la categoría de las *declaraciones*. Todo juicio es una declaración, pero no toda declaración es un juicio.

Como saben, el lenguaje es acción; por eso estas declaraciones generarán nuevos mundos y crearán nuevas realidades. Así que vivimos constantemente emitiendo y recibiendo juicios. La clave, por tanto, no está en no tener juicios u opiniones, pues eso resultaría imposible. Tampoco yace en controlar los juicios que emitimos o recibimos, pues sería un camino sin posibilidades de relacionarnos con el otro y un terreno de absoluta soledad.

La clave para este tercer milenio es poder convivir con los juicios, aprender de ellos, disfrutar la vida en espacios donde se emitan juicios fundados y encontrar el uso y la utilidad de los mismos. Los juicios no son ni verdaderos ni falsos; ni válidos ni inválidos. Los juicios son *fundados* o *infundados*. Los juicios siempre hablan de la persona que los emite, sin importar lo que te diga.

Si deseas cambiar el mundo y generar nuevas cosas, atácalo con ofertas y promesas. Si deseas sostener y mantener lo que estás haciendo, revisar que vas por buen camino y que quieres seguir haciéndolo de ese modo, usa descripciones, peticiones y reclamos. Si necesitas probar algo, ver qué es verdad y qué no o poder diagnosticar algo, usa descripciones y valoraciones. Al emplear este modelo de lenguaje serás una mujer triunfadora que hace un excelente uso de las herramientas lingüísticas cuando decide jugar en las grandes ligas y ganar.

Capítulo 10

Anímate a salir y tratar con clientas

La mujer triunfadora se dedica a dar acceso a la belleza y a la buena vida a los que la rodean. Eso lo hace no solo acompañándoles, sino convirtiéndose en un presente para ellos. Escuchando sus necesidades y ayudándolas a cambiarlas.

En mi hogar tengo una esposa maravillosa, dos hijas en plena juventud y una tercera adolescente. ¿Imaginan que la belleza es una palabra que se habla bastante en nuestra familia? Cuando se sienten bien con un producto que les da un nuevo nivel en su cutis, en su apariencia o en su bienestar, no dudan en contárselo a toda la familia. No hay crisis para lo que es bueno. Además, tu función es llevarle a todo el mundo lo bueno que tienes entre manos.

La mujer triunfadora es aquella que ayuda a su equipo a atender a cada una de las clientas recurrentes. Y llamemos a cada cosa por su nombre. Recuerden como decíamos recién: si no lo nombro, no existe. Tengo que llamar y apreciar quién es quien en mi negocio antes de ir por ellos.

Hay clientas que solo desean comprarme y que les den acceso a belleza, al bienestar, al relax. Hay las que compran para tener un descuento, para hacer una entrada extra en su negocio, para hacer la diferencia y las consultoras de carrera. Mujeres que pese a su situación, eligen hacer de este negocio su norte, en el que ponen toda la fuerza y la energía, que llaman a cada cosa por su nombre y que mantienen el negocio en su boca.

Cuando las veo y las trato, me percato de que puedo ser una constante posibilidad para ellas. Algunas de las que no logran ser triunfadoras es porque siguen atendiendo a todo el mundo vendiéndole producto, haciéndolo como una venta ocasional y esperando que la gente las llame para reponerles lo vendido.

Sin embargo, las triunfadoras son aquellas que no solo hacen ventas ocasionales sino ventas relacionales, que están más comprometidas con la relación que con su función como suministradoras puntuales que llevan un registro único, propio, cuidadoso y actualizado de cada persona que se ha relacionado con ellas y que se ha llevado uno de sus productos. Yo, por mi parte, no espero que la clienta venga, salgo a buscarla. Salgo a generar el espacio que hasta ahora no generé. Eso me mueve de manera poderosa porque entiendo que unos meses de esfuerzo pueden traer bendición para todo el año.

Ocurre mucho que las compañías se preocupan tanto por generar nuevos colaboradores y nuevas ventas, que no atienden de manera poderosa a los que ya tienen y estos a sus clientas recurrentes. La mujer triunfadora lo sabe. Sabe que para llegar a la cima hay que hacerlo paso a paso, uno a uno. Sin prisa y sin pausa . . . Así que tu negocio va a crecer si atiendes de manera poderosa a tu comunidad. Veamos cómo hacerlo.

Uno a uno

William Buchanan cuenta la historia de John Baker,[1] un corredor de los años sesenta del siglo pasado, nativo de Alburquerque, Estados Unidos.

Él no tenía apariencia de corredor y se le consideraba demasiado torpe como para serlo. Incluso no registraba los mejores tiempos.

Sin embargo, comenzó a ganar prueba tras prueba. Cuando le preguntaron cómo lo hacía, respondió que cuando estaba muy atrás en su primera competencia, se preguntó: «¿Estoy dando lo mejor de mí?». No obstante, no se puso como meta ganar la carrera. Lo que hizo fue fijar su mirada en la espalda del corredor que iba delante de él y proponerse superarlo con todas sus fuerzas. Así fue sobrepasando uno por uno a todos los corredores, hasta llegar a la meta y ganar. Él no estaba buscando ganar la carrera, ni salir como corredor del año, ni siquiera pensó en hacer la mejor marca. Solo se ocupó en pasar al que tenía adelante.

El uno a uno, mirar en la nuca del que está delante, siempre te ayudará a sobrepasarlo. Cuando usas cada herramienta que la compañía te da para el mercadeo, con una atención relacional, entendiendo que das acceso a una nueva vida —no que vendes productos paliativos para pasar el rato— y te mueves influyendo a tu comunidad, tu negocio va a crecer, sin prisa y sin pausa. Cuando te des vuelta, miles de mujeres triunfadoras te seguirán y seguirán tu ejemplo, de forma que todos estaremos orgullosos de ti.

Así que sal a la vida a vivir y vas a reclutar. Si sales a reclutar, no vas a vivir... Sal a vivir, sal a ser tú misma, sé una posibilidad para tu comunidad. Seguro que las personas te preguntarán: «¿Y cómo tienes ese cutis? ¡Qué bello carro! ¿Cuánto pagas por él? ¡Se te ve relajada! ¿Qué haces para disfrutar de la vida?». Entonces, podrás contarles lo maravilloso de cada uno de los productos y de los accesos que tienes para ellas a fin de llevarles belleza y buena vida.

Crea una sensación de urgencia

No dejes pasar la oportunidad. La gente te acompañará en el gran desafío hasta la cima. Muéstrales la urgencia y la manera en que estás comprometida con no solo ser una triunfadora sino con ayudar a cada una de las que te acompañen a serlo. Si el negocio se estancó, se detuvo, se «acomodó», si las clientas te compran menos o tu equipo está logrando la mitad de las ventas, no es que no están haciendo nada . . . ¡Están haciendo otra cosa!

Esta es una buena oportunidad para ayudarlas a volver a encauzarse.

A llevar al equipo al siguiente nivel. Si ellas entienden que al crecer tú ellas también, todas crecerán juntas y se alinearán en cuanto a las metas comunes. No es una sensación de urgencia decir: «Hoy tenemos que vender tanto». Es preferible decir: «La puerta de la cima cierra mañana, así que nuestra gran oportunidad es hoy». La función de la triunfadora es ayudarlas a comprometerse, actuar e ir aprendiendo sobre la marcha.

Usa un lenguaje que genere, no solo que describa

Seguimos hablando del lenguaje, aunque ahora desde la perspectiva del hacer de una mujer triunfadora. Y lo hacemos porque es clave para tu desarrollo como líder de multitudes que guía a la belleza y la buena vida a miles de mujeres.

Durante siglos se pensó que el lenguaje estaba diseñado para describir lo que le pasaba a la gente. Hoy sabemos que no solo sirve para describir, también es útil para generar lo que deseamos que ocurra. Así que genera con tu gente, genera con tu comunidad. Genera con tus amigos. Sé una opción cotidiana que viva generando. Lo que vayas a diseñar para esta semana, piénsalo, escríbelo y aciónalo.

Toma un papel y escribe lo que deseas que suceda esta semana. Con eso solo, las cosas no estarán hechas, pero estarás en camino a que sucedan. Cuando llamo al éxito, este viene a mí. Por lo tanto, comprométete. Verás que cuando pongas eso en tu mundo, en tu lenguaje, en tu corporalidad y en tu manera de relacionarte, las ventas vendrán a ti. Usa todo lo que tengas a mano. Tu visión sola no alcanza. Tus deseos solos tampoco. Los esfuerzos de la compañía de proveerte más posibilidades tampoco. ¡Úsalo todo!

Es un momento importante para ti, no es para que te preocupes. Es para que agradezcas todas las opciones que cada día se te presentan. Haz todo lo que esté a tu alcance y disfrútalo. Piensa que a mayor cantidad de ofertas . . . más opciones para darle a tu gente, a fin de que cada uno entienda que estamos absolutamente comprometidos a darle todo.

CASO 10

De la casa de los suegros a la propia

Solo dos llaves y muchísimas lágrimas. Pero de alegría, de gozo, de haberlo logrado. Era muy joven... El día que me pidió sesiones de coaching particular estaba en una oficina ayudando para realizar un gran evento. Parecía una joven adolescente que apenas empezaba en el negocio. Pero no... ya era una líder renombrada. Recuerdo que al principio dudé . . . pero acepté la solicitud.

Obviamente no era adolescente. Estaba graduada de la universidad y, con más de veinte años, había hecho una carrera rápida en la empresa. Sin embargo, buscaba mucho más.

Lo primero que trabajamos fue su identidad pública. Como toda triunfadora, necesitaba trabajar su identidad pública. Muchas todavía la veían como una joven a la que en cualquier momento y lugar podrían aconsejar. Incluso más de una vez también se veía así.

Entiendo que uno de los procesos de aprendizaje más poderosos que realizó fue cuando comenzó a trabajar más en su manera de vestirse, de pararse, de conversar en medio de las reuniones. Tenía un objetivo que solo una mujer madura y con sus pensamientos claros podría lograr.

Vivía en casa de sus suegros, con su esposo y su hijo. Amaba profundamente su trabajo, pero mucho más a su familia. Y quería darles lo mejor. Para ello tenía que diseñar un plan: ampliar la cantidad de líderes que debía tener en su equipo e implementar un desarrollo fuerte en cuanto a manera de trabajar, de estructurar, de llevar adelante el mes. Y lo hizo. Nuestra ayuda fue poca en comparación con todo lo que ella puso de sí. Hubo meses que parecía que no lo lograba, pero le puso garra, tesón, fortaleza.

Salía a la calle con todo su ímpetu, con todo tipo de productos, con una agenda llena de opciones y desafíos y hambrienta de gloria. Eso, hambrienta de gloria, fue una de sus cartas de mayor triunfo. Nada ni nadie la detendría en su deseo de adquirir su propia casa. Y esos meses y los incentivos que ofrecían la ayudarían a lograrlo.

La vi desfilar de la mano de su esposo con una sonrisa de oreja a oreja. Lo logró. Había trabajado con su identidad, hizo crecer su equipo, desarrolló profundidad en el negocio y, sobre todo, se ganó el premio con el que comprarían la casa de sus sueños.

Una mañana me levanté y vi en Facebook una foto sencilla, casi rústica, pero de gran valor. Una llave. Una llave como cualquier otra. Pero esa era «su» llave. La llave de su triunfo. La llave de sus sueños. La llave del reconocimiento que estaba en el siguiente nivel. Ahora iría por la siguiente posición en la compañía. El éxito logrado nadie podía quitárselo. Estaba incorporado a su manera de ser. Ya tenía la llave de su futuro en su propia mano.

Es un gran ejemplo para otras mujeres triunfadoras menores que tienen sueños y creen que los mismos son para vivirlos después de los treinta años de edad. Que el éxito es para las que vienen antes de ti, que tienen más años y más experiencia. Permíteme decirte que se puede llegar a triunfar si te empeñas en trabajar tu imagen, tener un lenguaje poderoso, no permitir que nada ni nadie te detenga, ponerle el empuje de la juventud y trabajar cada día buscando generar el doble e ir por grandes cosas.

Mientras caminaba por la alfombra roja —luego de recibir el premio máximo junto a su marido— me escribió un mensaje contándome todo. Me alegré al pensar cuánto podemos ayudar a miles de jóvenes emprendedoras con ese ejemplo.

Así que decídete hoy mismo a triunfar, no importa tu edad, ni tu experiencia. Consigue también tu casa propia.

Capítulo 11

Transformación y resultados

La mujer triunfadora no es solo aquella que hace más o tiene más suerte. Es la que entiende los tiempos en los que vive, se prepara con nuevas herramientas y se compromete a caminar en una nueva manera de ser. Es alguien que entiende que los resultados solos no alcanzan, que se necesita transformación. Cuando uno tiene resultados sin transformación el producto es efímero y probablemente el mes siguiente necesite hacer lo mismo o más esfuerzo que el de este mes.

Aunque la transformación sin resultados tampoco alcanza. No se trata solo de alguien que anda sonriendo por todos los eventos y va a todas las capacitaciones sin lograr nada, siempre estancado en el mismo punto. El éxito es poder irse transformando en lo que uno elige ser. La transformación en la mujer triunfadora es consecuencia de comenzar a ver más, a ser mejor, a relacionarse poderosamente y a que el logro forme parte de su vida cotidiana.

La transformación que te llevará a ser esa mujer que disfruta de la belleza y de la buena vida es un proceso, no un evento. Es posible que algunos eventos te marquen y ayuden con tu proceso, pero vivir en el triunfo es un proceso constante, sin prisa y sin pausa, de mujeres que eligieron darlo todo de sí y conquistar sus sueños.

La magia no está en una varita que te toca, sino en los ojos que eligen observar diferente, en los labios que hablan palabras que bendicen y consuelan, y en los brazos que dan aliento a los que vienen detrás. No se trata de una solución mágica, es simplemente un caminar exitoso.

Lo que queremos es que puedas verlo. El gran desafío de este siglo no es solo saber más, es ver más. Cuando les digo estas palabras, las veo decir en sus corazones: «Este es mi tiempo». Crecer empieza en ese punto. Al reconocer tus propios tiempos, al ver lo que hasta ahora no veías.

Una declaración hoy puede cambiar tu realidad. No porque sea mágica, sino porque te abre las puertas hacia tu futuro. Nos gusta pensar que el compromiso es una declaración (con el lenguaje) que sostengo con acciones. Y las mujeres triunfadoras comienzan a serlo en la declaración.

Genera contextos

Necesitamos generar contextos para ser poderosos en el accionar. Además, poder es la capacidad de efectuar una acción efectiva. A estas alturas, una buena pregunta sería: «¿Estoy lográndolo». Quizás estoy motivándome, quizás estoy trabajando, pero ¿tengo la capacidad en donde la acción que efectúo produce resultados? Pregúntate en qué áreas, en qué contextos, no obtienes los resultados que te propusiste. Y a partir de ello, empieza a ver que falta.

Puedo cocrear el mundo en el que vivo, pero necesito generar comunicaciones y contextos poderosos. Muchas cosas no ocurren porque no nos hemos convertido en comunicadores y generadores de contextos exitosos.

Algunos son comunicadores exitosos, pero les falta una acción exitosa. He visto mujeres triunfadoras que son excelentes comunicadoras pero lo que les falta es controlar su tiempo, su red de relaciones, su relación con sus clientes, su manera de calificarlas y tratarlas del modo que ellas eligen comprometerse. Una de las cosas que me gusta decir mucho es: Conforme a mi compromiso es lo que le voy a dar al mundo, pero también lo que recibiré de él.

La forma de relacionarme con alguien depende de mis compromisos. Por eso es muy bueno conocer los de cada uno y relacionarme a partir de ello. Pero antes de actuar necesito practicar eso en un modelo de comunicaciones y contextos poderosos.

Debemos convertirnos en comunicadores exitosos. Tenemos la gran posibilidad, y a la vez, el gran desafío de conseguirlo. El comunicador exitoso elige modificar su manera de expresarse. Su tono, sus modos, sus gestos, sus palabras y lo que va a comunicar. Ya no está tan pendiente de la verdad, sino de qué sirve o no. No diseña un modelo para andar diciéndole a todo el mundo sus verdades absolutas. Ya nadie le cree ni le da autoridad a quien habla basado en el hecho de pensar que todo, todo, lo que dice tiene razón.

Ahora bien, el aporte que deseamos hacerle de manera profunda a tu desarrollo como mujer triunfadora es el siguiente: Hay una forma de hablar óptima que debes conocer para cada situación. Conforme al modo en que hables, recibirás. Para ello, tienes que saber que hay tres tipos de lenguaje. El lenguaje descriptivo, que nos cuenta lo que pasó, no lo que va a pasar. El lenguaje declarativo, cuyo énfasis es la acción y no tanto el hecho. Y el lenguaje generativo, al que te invitamos a darle más importancia en tu expresión.

Anteriormente al que más importancia se le daba era al descriptivo. Cuando se celebraban grandes reuniones era para establecer acuerdos. Cuando se comentaba sobre las virtudes de un producto se terminaba la frase con: «Tienes razón» o «Es verdad». Aún sigue usándose esa forma porque siempre necesitamos describir situaciones o personas, pero la descripción no cambia la realidad . . . solo la describe.

Todavía hay emprendedoras que quieren conquistar lo extraordinario con un lenguaje descriptivo, creyendo que el solo hecho de explicar el producto les alcanzará para venderlo, o que cuando las cosas no salgan, usarán la justificación y la excusa para argumentar.

Hoy sabemos que el lenguaje descriptivo solo no alcanza. Así es que llega a nuestros oídos el énfasis en el lenguaje declarativo. Ya no describe la acción sino que elige cambiar al mundo. El poder de la declaración no yace en el hecho sino en la validez de quien declara. Y su uso es importantísimo en estos tiempos. Pero más aun cuando se le agregan las virtudes del lenguaje generativo. El mismo no solo tiene que ver con la acción sino además con la creación.

El lenguaje generativo no expresa solo la acción a realizar sino la creación del contexto para que suceda. Por otra parte, el lenguaje declarativo acciona, te pone en movimiento. El lenguaje generativo pincela un nuevo mundo. En vez de decir: «Seré una mujer triunfadora», el lenguaje generativo afirma: «¿Qué pasará con mi vida dentro de tres meses, cuando sea líder, cuando triunfe? ¿Qué haremos en ese tiempo? ¿Qué me gustaría que sucediera? Y comienzo a crear contextos. Dibujar el futuro es una de las claves del lenguaje generativo.

Empleamos mucho lenguaje declarativo o descriptivo y poco lenguaje generativo. ¿Cuántas ventas no hiciste por no haber usado un lenguaje generativo que creara los contextos que faltaron? ¿O cuántas personas no incorporé a mi equipo solamente por no buscar un diseño diferente?

Creo que esta es la herramienta más poderosa que una triunfadora puede tener. Si da acceso y no solo venta ocasional, si incorpora las distinciones que mencionamos en la primera parte y luego comienza a diseñar un lenguaje generativo para su relación con su equipo, con su futuro y con las circunstancias, tendremos más pronto de lo que piensas una mujer triunfadora manifestándose.

El futuro exitoso no se puede crear con descripciones. La descripción habla del hoy y del ayer. Pero se puede crear con declaraciones, porque las mismas cambian el mundo, y una herramienta que te elevará y permitirá hacerlo disfrutando el camino es el uso de lenguaje generativo.

¿Será bueno preguntarme en este momento cuánto lenguaje creativo usé? ¿O me la pasé describiendo y declarando, sintiendo que me estaba faltando algo y no sabía lo que era?

Es un buen momento para recomendarle este libro a tu equipo, para que ellas también comiencen a tener el mismo lenguaje que tú. Imagínate lo que sucederá con un equipo erguido, surfeando la ola del desafío, comprometido, con un lenguaje poderoso, creando equipos eficientes y haciéndose responsable de sus acciones. ¿Cuánto más pasará en los otros cuando eso suceda? Si es así estarás mucho más cerca de un triunfo que se mantenga y además que se multiplique.

Otra de las distinciones a tener en cuenta es que el lenguaje creativo siempre motiva al otro, pero no siempre los lenguajes motivacionales son creativos. Porque el lenguaje motivador alienta, pero el generativo además crea y diseña una nueva realidad con la que busca comprometerse, lo que la convierte en una visión, que como sabemos se convierte en un punto de partida, no en uno de llegada. Cuando uno empieza a involucrar el lenguaje generativo, mira desde esa perspectiva y analiza lo que le falta para llegar allí.

A veces uno cree que lo que debe hacer es motivar a alguien, llevarlo a un lugar que solo le costaría ir. Pero lo que te hará tener un equipo que se mantenga en el tiempo es que esa persona no solo esté motivada y guiada por ti sino que además de motivarse se enrole. Que tome el rol, que sea protagonista del guión que va escribiendo a través del lenguaje generativo, que va accionando a través del lenguaje declarativo y que se convierte en realidad cada vez que se compromete con la visión a la que eligió ir.

La manera de generar un contexto que nos lleve a crear un futuro exitoso es darme cuenta cuánto estoy usando el lenguaje descriptivo, el lenguaje declarativo y el lenguaje creativo. ¿Cuál es la herramienta más grande que el lenguaje creativo o generativo tiene para concretar nuevas realidades? ¿Cómo hago para darme cuenta que empleo un lenguaje creativo? A través de diferentes modelos de indagaciones. De diferentes modelos de preguntas.

El refrán señala: «Dime qué preguntas haces y te diré qué te contestan». Entonces empecemos a preguntar: ¿Cómo estoy usando la pregunta? ¿Cómo estoy empleando la indagación? La pregunta me sirve para focalizar la atención. Las preguntas envían a la gente en un viaje interno para la búsqueda de respuesta. Yo seré quien los inspira a encontrar tanto a nuevos horizontes como a mí mismo.

Lo poderoso de la pregunta en el contexto de la relación es que siempre la respuesta la tiene el otro, mientras que en la descripción y la declaración la respuesta está en mí. Sin embargo, cuando la respuesta está en el otro y la toma como propia y diseña con ella, eso lo llevará más lejos y más rápido que si la respuesta estuviera en mí, o en mi motivación, o en el poder de mi declaración.

Por eso vemos equipos enteros decir que lograrán tal o cual cosa pero que no lo hacen dado que no se adueñaron de la respuesta, solo se alinearon.

En cuanto a esos viajes que invitas al otro a realizar, los mismos pueden ser: Positivos, para que inspires, generes productividad, seas creador de soluciones para los problemas, ayudes a analizar su mirada o para que lo ayudes a tener nuevas perspectivas. También pueden ser negativos, que son los improductivos, productores de mecanismos de defensa y que generan dudas.

Por supuesto, si lo hago con preguntas que me llevan a nuevas posibilidades: Acaso, ¿estoy inspirando al otro? ¿He desarrollado un espacio para que el otro pueda crear? ¿Produce innovaciones o nuevas acciones en la manera de mirar de quien me escucha? ¿Da nueva luz a problemas u obstáculos de los que no podíamos salir? ¿Trajo un panorama más amplio que el que me dijo hasta ahora?

También puedo realizar este tipo de preguntas: Si hasta ahora comprabas doscientos dólares para ganar cien, ¿por qué no generar un modelo que te permita ganar mil dólares? ¿Crees que si ganaras mil serías una mayor opción para tu hogar? O a aquellas mujeres que hoy realizan actividades a tiempo parcial podría preguntarles: ¿Qué pasaría si este fuera tu negocio cada día? ¿Qué pasaría si tuvieras una red debajo de ti de quinientas personas?

La pregunta ayuda a llevar al otro a nuevas perspectivas. Aunque también puede darte poder o quitártelo. Por eso es importante convertirte en una experta en el arte de preguntar.

Sin embargo, cuando nos referimos a poder lo entendemos como la capacidad de generar una acción efectiva. El que tiene poder es alguien que puede. Simple. Y para eso necesitamos contar con la capacidad para hacerlo de modo que cuando accionemos, nuestros esfuerzos sean efectivos.

Hay personas que hacen preguntas sin poder. Llaman a su equipo un día después del cierre y lo primero que les dicen es: «¿Por qué no lo lograste? ¿Por qué no lo hiciste? ¿Por qué estás atrasada? ¿Cuál es el problema que tienes que no estás haciendo todo lo que acordamos? Si ese es el nivel de preguntas, las mismas ayudan a que las personas se focalicen en excusas, además amenazan la autoestima, ponen a la defensiva, invitan a la otra persona a ser parte del problema en vez de ser parte de las soluciones.

A veces nos contratan organizaciones que aparentemente son estupendas. Que tienen un gran desarrollo de marketing y una estructura operativa óptima. Pero su nivel de conversación y el lenguaje de sus líderes y ejecutivos está lejos de ser creativo. Y no saben qué pasa, por lo que hacen encuestas, pero la raíz yace en la manera de generar espacios.

Por eso es muy interesante saber que pese a que todos conocemos algo que se llama pregunta, a veces usamos las incorrectas. Las que te quitan poder, no que te lo dan. Las que te llevan a lugares en donde después te preguntas: ¿Por qué esta persona me pone tantas excusas? ¿Por qué no estoy logrando que haga su orden, o que me acompañe en este viaje que habíamos decidido?

Lo mejor sería empezar a usar preguntas que nos den poder. Por ejemplo, ¿Cómo ves este proyecto hasta aquí? ¿Dónde te gustaría estar?

De todas estas grandes mujeres que estás viendo ¿con cuál te sientes más identificada? ¿Cuáles serían los beneficios que tendrían los clientes, la compañía, el equipo, tú misma, si logramos los objetivos? ¿Qué diferencia podría marcar en tu vida si lo hacemos? ¿Qué brecha hay entre quien eliges ser y quien eres? ¿Qué podemos cambiar o hacer para que la brecha se achique?

Este tipo de preguntas generan nuevos espacios. Ayudan a encontrar sus propias respuestas. Ayudan a desarrollar responsabilidad y transferencia personal en cuanto a sus resultados. Ayudan a forjar autoestima y actitudes positivas. Ayudan a destrabar posibilidades y dan opciones para otras nuevas. Nutren relaciones, focalizan lo que ya está funcionando.

No obstante, la belleza está dentro. Bella es solo aquella que está comprometida a hacerlo. Es quien tiene la actitud. Cuanto mejor sea la pregunta mejor o más profundo ha de ser lo que pasa dentro de la persona. Los equipos no se forman de la noche a la mañana, requieren un proceso. Ya sabemos que venimos de un mundo diferente. Partimos del compromiso de ayudar a la gente. Cuando usas el lenguaje descriptivo y el generativo eres poderosa y tienes una gran visión. Además, la herramienta más poderosa para el lenguaje generativo es la indagación creativa.

CASO 11

Influencia en la comunidad

Al ingresar en la compañía se enteró de que la misma contaba con una fundación que ayudaba a la gente. Ella [la llamaremos María] dice:

Siempre pensé que el hecho de hacer un negocio y recibir una remuneración, lo invita a uno también a dar. Dar de sí, de su tiempo, de su dinero, de lo que uno tenga. Por ello, desde el primer día que empecé a hacer negocios, eso fue automático para mí. Apenas recibía, daba. Cuando llegaba a posiciones de liderazgo, apartaba de todo lo que recibía una suma de dinero para la fundación.

Sin embargo, fue hace dos años que tuve la oportunidad de hacer un poco más y me involucré activamente en el desarrollo de la fundación. Pero, cuando uno se compromete aparecen las oportunidades. Fue en ese tiempo que se dio la posibilidad de ir a ayudar a un hogar de mujeres y niños maltratados.

Un sitio donde se encuentran mujeres que tienen que salir de sus casas porque el peligro es inminente. En muchos de esos casos, son mujeres que ya han sido maltratadas por sus esposos y la policía tiene que sacarlas de sus hogares porque corren peligro de muerte.

Observar cómo puede sufrir tanto una mujer por una mala relación y cómo les marca la vida se convirtió en uno de los momentos más decisivos de mi vida.

Cada vez que salía de ese hogar sentía que crecía, que se llevaba más de lo que iba a dar. Siempre que llevaba a las mujeres de su equipo empleaban ese tiempo para conversar con ellas, les preguntaban cómo deseaban cuidar a sus hijas, a sus hijos, de modo que entendieran la importancia de vivir con valores y no sometidas a las circunstancias. Trataban de inculcarles lo suficiente para que nunca más fuesen maltratadas o, en el caso de los hombres, que no se convirtieran en maltratantes.

María disfruta sumar a la conciencia de sus compañeras de labores el poder identificarse con el dolor de las mujeres del hogar y saber que con un dólar que ellas donen, se pueden hacer tantas cosas. Por eso se la escucha hablar de la importancia de organizaciones como esa fundación que ayuda a las mujeres que triunfan en sus negocios y empresas. Y le encanta definir a la fundación con una sola palabra: conscientizar. Le encanta gritarle al mundo entero que las mujeres no están olvidadas, que se les puede ayudar. Que con un solo dólar se puede hacer la diferencia. Un pasito a la vez. Una mujer a la vez.

Un dicho popular reza que: «Ganar en la vida no siempre te hace ganador». Elegir compartir el premio es lo que te lleva a un verdadero triunfo. El glamur del éxito en el negocio va de la mano con el compromiso de la mujer con su comunidad. Muchas mujeres están ajenas de lo que pasa, no ven noticias, tratan de separarse de cualquier asunto que tenga algo de negativo, intentan bloquearlo, pero cuando se acercan a este tipo de fundaciones y obras que las mujeres triunfadoras realizan, un nuevo ímpetu corre por sus venas. «Yo tengo», «Yo puedo ayudar», «Yo puedo ser parte de un grupo de mujeres que elijen cambiar su comunidad», se convierte en su lema. «Yo puedo hacer la diferencia», en su estandarte.

Su llegada al hogar de mujeres comenzó cuando se comprometieron a ayudar en la comunidad. La administradora del lugar les confesó que ellas eran su oración respondida. Solo tenían seis cuartos y en los últimos meses rechazaron a más de cien mujeres por falta de capacidad. Pero tenían el gran sueño de construir un ala nueva, para albergar a las madres con dos o tres niños. En el transcurso del año anterior reunieron las donaciones para el primer y el segundo piso, pero les faltaba para el resto de la obra.

Cuarenta mil dólares de donaciones pasaron por sus manos para completar la obra. María lloraba al llegar al hogar cada día viendo el avance de la construcción, consciente de lo que eso sería para algunas mujeres y sus niños. Tenían no solamente un negocio en el que le daban belleza y vida a cada persona que se les acercaba, también daban un bello futuro a quienes creían que solo existía un pasado aterrador.

Uno de los días que dedicaron a ir al hogar, encontraron a una señora mayor de cincuenta años que no se reía y tenía su mirada perdida. Estaba sola, así que decidieron conversar con ella un ratito.

Como cada vez que van, aprovecharon para hacerle tratamientos de belleza a las mujeres del lugar. Por lo que el semblante de ella cambió. Aunque todavía no se reía.

La maquillaron un poquito y le acercaron un espejo para que se viera. Cuando observó su rostro se dio cuenta de que no tenía dientes. La mujer la miró y mientras bajaba la cabeza le dijo: «Me robó hasta mis dientes». Y contó cómo la golpeaba, tanto que perdió sus dientes en medio de una golpiza. También contó que su marido estaba preso, igual que su hijo, y que tenía mucho miedo porque en esos días estaban mudando al hijo a la misma cárcel donde estaba su marido, por lo que temía que su hijo lo quisiera matar por lo que le hizo a ella.

María siempre recordaba la cara de la mujer cuando recibía alguna donación para el hogar. ¡Cuánto podemos ayudar a que ese tipo de cosas no sucedan! Esta mujer triunfadora halló que la belleza que se cultiva en el corazón de otros es un tesoro preciado. Y se comprometió a que otras pudieran identificarse más con este modelo complementario de llevar belleza y buena vida a la gente. El esfuerzo es muy poco y los resultados muy grandes.

María se enfocaba en ayudar a las personas, primero en la belleza interior, luego en la exterior. Es una mujer comprometida a ayudar a cada persona que se le cruce en el camino. Ha regalado sin mirar a quien. Ha sabido decir: «¿Qué necesitas? Dime . . . ».

La mujer triunfadora influencia a la comunidad, deseosa de mantener la mano abierta para los que tienen menos. Todo el éxito, la prosperidad, lo que ese estilo de vida le da cotidianamente tiene además el fin ulterior de ayudar a las personas a sonreír. Por eso es una mujer triunfadora.

Capítulo 12

Sólido, rentable y duplicable

Luego de saber cómo salir de las D que pueden sacarte de tu camino al triunfo y de ver que debes transformarte además de conseguir resultados, nuestra experiencia nos muestra que quienes llegaron a ser mujeres triunfadoras son las que comprendieron que podían tener un negocio con un proceso sólido, rentable y duplicable. No importa exactamente cuál es el modelo de negocio en el que te encuentras.

La belleza y la buena vida resumen todo lo que puede llegar a ser nuestra vida cotidiana. Y no nos referimos a salir corriendo a hacer esto o aquello sino a poder cuidarse cada día y a vivir internamente con grandeza. Mi experiencia con las mujeres triunfadoras que conocí es que entendieron desde el comienzo que no solo hay que lograrlo sino que también hay que disfrutarlo.

Quizás empezaron como consumidoras o con un sueño de medio tiempo y pronto se dieron cuenta de que había un modelo de gestión, de hacer las cosas y una organización, que les permitía ir más allá de las posibilidades que tenían hasta ese momento. Y fue allí que se lanzaron a conquistarlo.

Lo primero y más importante es saber que eso no pasa por el hacer ni por los productos sino por mi manera de ser. La gente me leerá a mí. Y tengo que estar dispuesto a ser el experto en belleza y bienestar que le dé acceso a un estilo de vida que la persona no tiene pero que desea. Ni siquiera pasa por el producto ni por sus calidades, si bien el mismo debe ser bueno, sino por el acceso a la belleza que le estaré proporcionando. Y es en ese momento en que sabré si será solo una clienta o alguien que se interese en crecer junto conmigo.

Para disfrutar el negocio que estoy llevando a cabo me tengo que preguntar: ¿Cómo es mi manera de ser? ¿Es como alguien que busca crecer y ser una mujer triunfadora? Puedes saberlo todo, leer todos los libros, participar de todos los seminarios, conocer todas las técnicas, pero si tu manera de ser no coincide con lo que eliges ser y estás relacionándote más con tu pasado que con tu futuro, la gente te va a leer. Cada vez la gente lee más siendo lo que somos que lo que hacemos.

Si eliges tener una manera de ser poderosa y convertirte en una mujer triunfadora, probablemente la gente desee estar contigo. Pero tengo una muy mala noticia para ti. Lo que pasó . . . pasó. Te pedimos disculpas. No lo podemos cambiar. Si pudiéramos cambiar todo lo que te tiene amargada, preocupada, ansiosa, angustiada, lo haríamos porque deseamos verte feliz, siendo una mujer triunfadora.

Sin embargo, no podemos cambiar el pasado. Ni siquiera el futuro. Porque todavía no lo sabemos. Pero podemos vivir el presente. Como la misma palabra lo dice: un presente. Como un regalo. ¡¡¡Estás viva!!! ¡¡¡Mira a quien tienes cerca, está vivo!!! ¡¡¡Respiras!!! Y tienes la gran posibilidad de construir un mundo diferente. Llegó la hora de que empecemos a crear el mundo en el que queremos vivir. Y para eso hay que diseñar una manera de ser poderosa y construir un negocio sólido, rentable y duplicable.

Si tu compromiso es convertirlo en tu gran empresa, debes preguntarte: ¿Está siendo mi negocio actualmente sólido, rentable y duplicable? La respuesta a esa pregunta te dará gran cantidad de herramientas y distinciones para ubicar donde está lo que falta para llegar a ser una mujer triunfadora. E ir hacia ese modelo no es un evento. Es un proceso. Un proceso que genera espacios en los que nos vamos a formar profesionalmente para pasar al siguiente nivel.

Las mujeres triunfadoras son aquellas que lograron tener aguas profundas y tranquilas en sus puertos por la manera de ver su organización. Eligieron desarrollar una identidad de éxito. Están comprometidas a usar cada una de las herramientas, espacios y recursos que la compañía les ofrece. No solo es que tengas eficiencia en cada una de estas áreas sino también en cómo te relacionas con ellas, cómo logras la profundidad.

Un negocio sólido

Significa que puedo sostener el negocio. Es un negocio que va creciendo con cada cliente que se suma; el cliente que se fideliza viene a formar parte de mi capital. Mi capital son las paredes que voy construyendo en mis relaciones. También lo es la manera en que lo organizo. Que pueda tener horarios prestablecidos. Para que el negocio sea sólido las mujeres triunfadoras reconocen que el mundo ha cambiado. Que hay una nueva manera de hacer negocios, una nueva forma de hablar, un nuevo modo de relacionarnos. Que hay que tener ciertas distinciones incorporadas a nuestra manera de ser. Que no sea un negocio que un mes va bien y el otro va mal. Podemos salir de ese modelo. Aunque sea a tiempo parcial, conviértelo en un negocio sólido.

Tenemos las herramientas para que no sean solo las circunstancias, las situaciones o las ofertas lo que determine si el negocio va a ser sólido o no, aunque seas tú misma.

Una mujer triunfadora ve su vida de manera integral, por lo que comienza a llevar adelante todos sus pasos con convicción, con organización y con un gran compromiso con su visión de futuro.

¿Dónde empieza la solidez?

El negocio sólido empieza a serlo en tu interior. No en tus acciones, en cómo te relacionas con tus acciones. Se empieza a solidificar con herramientas, con visión, con una manera poderosa de ser. El negocio sólido no tiene que ver con las circunstancias.

Cuando debajo de ti aparecen estrellas que lo hacen muy bien, o cuando las ofertas ayudan a la venta, el negocio no es sólido. Eso es importante. La solidez nace en ti. En tu organización, en tu visión, en tu compromiso.

Las personas bellas vendrán a ti cuando estés dispuesta a estar bella y a mantenerte así. Las bellas siempre se unen con las bellas. Y no estoy hablando de lindura. Estoy hablando de belleza.

He visto a mucha gente linda que no dice nada y a la que nadie quiere seguir. Y he visto gente bella que transforman la vida de su ciudad.

Estoy hablando de corazón, de alegría, de una manera de ser bella. Un negocio sólido es el que te permite crecer porque está basado en la planificación, en el desarrollo de una visión, en estructura, en acciones comprometidas y no en reacciones por circunstancias, en creer en su equipo y maximizarlo.

Un negocio rentable

Llegamos a ser mujeres triunfadoras cuando vivimos esto. Si así no es, me pregunto ¿qué me está faltando para hacer de mi negocio uno rentable, sólido y duplicable? Estas tres palabras no solo me sirven para medir mi negocio, también son útiles para medirme a mí. La manera de ser que tengo es lo que me va a generar un negocio sólido, rentable y duplicable. Por eso debo preguntarme: ¿Qué me está faltando para llegar a ese punto?

Todo eso me permitirá ver lo que hasta ahora no veía. ¿Qué me está faltando para que sea rentable? Quizás esté trabajando mucho, o esté relacionándome bien pero no estoy haciendo el 70/30, no estoy usando las ofertas y las oportunidades que la compañía diseñó para ayudarme a fin de que tenga un gran mes.

Creemos que lo mínimo que cualquier persona que comienza en el negocio debe tener es un ingreso aceptable. Hasta trabajando muy pocas horas por semana. Cuando diseñe una estrategia de ventas cotidiana, comprometida y generativa, seguramente se haga rentable. Tampoco es cuestión de saberlo todo. Sé de mujeres que en menos de veinte días llegaron a las posiciones superiores dentro de la compañía por haber trabajado con compromiso y pasión. También depende de la cantidad de horas que le dedique. Pero por pocas que sean si elijo vender un mínimo de setenta dólares al día, tendré un ingreso mayor que en un trabajo cuya relación sea de dependencia.

Cuando hablamos de negocio rentable, quiere decir que como líder me ocupo y me preocupo porque también sea un negocio rentable para mi gente. Y esa es una de las características de una mujer triunfadora. Entiende que no solo debe ser negocio rentable para ella, también lo debe ser para su gente. Entiende además que eso es parte de sus responsabilidades.

Una de las responsabilidades de la triunfadora que disfruta de su negocio es que entiende que la rentabilidad no pasa por los grandes números o las grandes ventas (que obviamente ayudan mucho) sino por los pequeños números. Es decir, me ocupo de cada una de las personas que tengo conmigo para que cada mes puedan ver crecer su cheque.

Hemos trabajado mucho en este libro para que se convierta en una gran posibilidad para tu vida y tu negocio, de modo que también te conviertas en una mujer triunfadora.

Un negocio duplicable

Con esto nos referimos a que la gente quiera hacer lo que yo estoy haciendo. No tengo que empujar a nadie. Ellos eligen hacerlo también. Para que sea duplicable tienes que llegar al punto en que la gente diga:

«¿Qué es lo que tú tienes?, yo también lo quiero». Y eso tiene que ver con tu manera de ser, con tu modo de relacionarte, con tu forma de lograrlo.[1]

Podemos ayudarte a que así sea en este proceso. No es solo un libro, no solo es un evento, es un proceso de crecimiento que llega a la cima. Se trata de mujeres triunfadoras que pueden caminar más y más hacia lo extraordinario, con empuje y decisión. Y que eso sea duplicable.

Que los demás deseen imitarte cuando te vean trabajar. Cuando te vean relacionarte con la gente, cuando te vean actuar, que ello sea un ejemplo constante para ellas. Las mujeres triunfadoras viven pensando en el cordón de tres dobleces. Es decir, siempre necesitas a alguien de quien aprender. Siempre debes estar compartiendo con personas que están corriendo la carrera en tu nivel y siempre debes tener personas a las que les transfieras lo que tienes. Y no hablo de enseñarles el negocio.

He visto a muchos dispuestos con el entrenamiento de otros y lo han hecho muy bien. Pero con la formación únicamente no alcanza. Necesitamos que sea duplicable en formación, en motivación y en transformación. Para que estés segura de que estás en un proceso de duplicación, debes ayudar al otro con tu ejemplo, con tu vida, con tu manera cotidiana de hacerlo. Que las demás digan: «Yo quiero hacerlo también». «Yo quiero tener lo que tú tienes». Que digan: «Quiero llegar al lugar en que estás».

Las mujeres triunfadoras superaron el concepto de una venta ocasional, en la que cargan encima todos los productos y salen a ver a quien conquistan. Las mujeres triunfadoras no son conquistadoras. Son colonizadoras. Y ¿cuál es la diferencia? Que el conquistador llega a una tierra para llevarse todo lo que hay en ella. Y el colono llega para entregarle su propia vida y su descendencia.

La triunfadora coloniza en las relaciones que va generando y por eso se duplica y se multiplica. No se compromete solamente con la venta ocasional, sino también con generar una relación de poder con la red que va construyendo.

Basta de salir a pedir que alguien se te cruce en tu camino para poder venderle lo que llevas encima, a fin de darle de comer a tu familia. O que al relacionarnos con la gente solo nos interesemos por cerrar la venta o captar una nueva recluta para tu negocio. Son modelos cortos . . . de poca durabilidad o que necesitan que pelees mucho por ellos hasta el cansancio, el hartazgo o tu propia muerte.

Duplicarse para una mujer triunfadora es ver por el otro, es colonizar, es caminar con el ejemplo, es estar disponible para el resto en su proceso de crecimiento.

CASO 12

Todos los días puedes empezar de nuevo

Recuerdo una líder que tuvo que dejar la ciudad donde vivía por motivos de trabajo de su esposo. Una bella vista en una foto dejaba para la historia el momento en que ella comenzaría de nuevo. Y no era la primera vez. Ya lo había hecho en otras oportunidades. Eso puede hacernos decaer o desmotivarnos. Tener que empezar de nuevo en otra ciudad. Y en este caso dejaba San Diego para ir a Hawaii. Hasta un cambio radical de cultura.

Si la seguías en Facebook, en sus primeras semanas en Hawaii, te encontrabas con alguien que había elegido estudiar el terreno, comprometerse con desarrollar su negocio en ese lugar, hacer de su espacio allí uno de influencia, de acceso a la belleza y al bienestar para las nuevas amigas, para otras personas. Lo maravilloso que tiene este tipo de negocio es que si uno se va, no pierde lo anterior sino que simplemente ayuda a crecer su árbol en otro lado, en otra ciudad.

La recuerdo triunfando, vendiendo, reuniendo a la gente y llevándole oportunidades y belleza como si siempre hubiera estado allí. Sin detenerse ante el obstáculo del idioma, de la cultura, de la comida, del horario. Propósito. Propósito.

La mujer triunfadora vive de sus sueños llevados a la acción, no de sus circunstancias. Cuando se muda y empieza de nuevo, se da cuenta de que no tiene un negocio, tiene un propósito. Entiende la causalidad de los hechos y confía en que es un nuevo espacio de aprendizaje. Como ella misma dice: «El negocio está donde yo esté». Cuando uno viaja mucho por tantos lugares, se da cuenta de que el éxito esta en lo que se puede ser por la gente. Eso te desafía para que puedas decirte cada día: «No me voy a rendir, abriré aquí también».

Capítulo 13

Clientas fidelizadas

Hay líderes que tienen personas en el negocio que llevan más de dos años y solo tienen tres clientas. Eso hace que se frustren, que no vean lo poderoso del negocio y que bajen los brazos. Una de las razones es que muchas veces solo tenemos ventas ocasionales, vendemos productos por reacción o debido a las circunstancias.

El negocio es estar al servicio de la comunidad y cuando alguien requiera mis servicios, estar allí, dispuesto a servir; pero tener cada día las esperanzas puestas en lo que pueda surgir más que en lo que puedo generar es algo fatal. ¿Qué les parece si hoy elegimos ser triunfadoras y tomamos la determinación de empezar a hacer de este día el primero del resto de nuestra vida?

No podemos cambiar el pasado, el futuro tampoco, pero podemos ser protagonistas de nuestro presente. Empecemos a convertir nuestras ventas ocasionales en el mejor momento para diseñar nuestro futuro. Miremos a los ojos a esa mujer o a ese hombre que tenemos delante y mostrémosles que no solo tenemos acceso a ayudarles con su belleza, sino también a ofrecerles un nuevo estilo de vida que puedan disfrutar.

Cuando me muevo de ese lugar, puedo comenzar a generar una venta desde otro sitio, y puedo elegir tener una venta con presencia. La diferencia entre una venta ocasional y una venta con presencia es que en esta última el presente eres tú. Una venta ocasional genera un negocio ocasional. Muchas no llegan a ser triunfadoras en sus negocios porque diseñan su vida y sus ventas ocasionalmente. La venta ocasional sirve para una ocasión. La venta con presencia es para establecer un espacio duradero.

Una venta con presencia no es solamente saber de punta a punta las características de cada uno de los productos. Obvio que debo saberlo. La gente espera que les muestre todo lo que conozco y en qué puedo ayudarles.

Sin embargo, una venta con presencia significa que me comprometo a estar presente. O dicho de otro modo, a ser un presente, a ser un regalo para mi clienta. La mujer triunfadora se viste para salir a darle al mundo un toque de sabor. Está presente con su familia, con su equipo, con sus clientas, y disfruta con ello.

Cuando estoy dispuesto a hacer una venta ocasional, solo tengo un negocio ocasional. Esa es la razón por la que muchas que tienen oro en polvo entre las manos se les diluye. Porque no terminaron de comprender la importancia de formar parte de un modelo de negocio que está cambiando al mundo y que genera ingresos e independencia económica a millones de mujeres triunfadoras; un modelo que además te permite hacer una carrera de modo que siempre tengas una visión poderosa.

He conocido en estos últimos tiempos a mujeres triunfadoras que llevan casi veinte años en un negocio exitoso y sé que muchas las quieren imitar. Mujeres que han comprado su casa, que han enviado a sus hijos a la universidad, que han sido ayuda para sus esposos en la economía del hogar porque eligieron no hacer solamente una venta ocasional, eligieron no estar solo pensando en el producto, en la venta puntual, en llegar a fin de mes, sino en ir por más, en crear un equipo, en relacionarse poderosamente con su futuro trayéndolo al presente y siendo un presente para sus clientas, para su equipo, para su compañía.

Por eso es menester que salgas de la venta ocasional que te genera un negocio ocasional y comiences a tener una venta con presencia, en la que tú seas el regalo. En la que estés presente para el otro y generes volumen y equipo.

Cuando eres un presente inmediatamente generas volumen. Si a eso le sumas una buena administración, seguramente las cuentas de carro, de hipoteca, de los servicios de la casa, que antes pagaban con los ingresos de tu marido hoy podrás pagarlos tú. Y te puedo asegurar que para una mujer triunfadora no hay gozo más grande que ser una posibilidad constante para su familia.

Muchos maridos de mujeres que van hacia el triunfo en sus comienzos solo se quejan o hacen silencio. Quizás no les gusta que estés fuera de casa. Quizás todavía no entiendan el modelo de negocio. Pero cuando te ven ganarte viajes, bonos, carros, o que tu cheque crece mes a mes terminan sumándose al proyecto. Si todavía estás en la etapa del comienzo, tenle paciencia. Espéralo y esfuérzate. Verás que con tu constancia tendrás mayores recompensas en el futuro.

El negocio de la venta relacional, en el que estás presente con tu clienta mes a mes, se está convirtiendo más y más en un negocio familiar. No importa si fue él o tú quien comenzó. Lo importante es que pueden diseñar metas en común. Es tan apasionante poder llevarle belleza y bienestar a tu comunidad que cuando comienzas a crear tu identidad corporativa ambos se involucrarán.

Las mujeres triunfadoras suman a sus maridos al disfrute del resultado, camina junto con él y lleva adelante los sueños que él mismo desarrolla.

Por tanto, no juegues a estar sola y aislada sin decirle, sin contarle, todo lo que te sucede. Ya llegará el momento en que él se sumará y entonces le mostrarás que el éxito es de ambos. En síntesis, basta de ventas ocasionales. Es hora de tener una venta con presencia.

CASO 13

La que soltó para tomar

Recuerdo una sesión de coaching con una gran líder que llevaba un año en posiciones de liderazgo. Ella y su esposo disfrutaban la compañía con gran pasión. Sin embargo, terminado el mes, ni ella ni su equipo lograron las metas que se propusieron. Estaba desanimada por tanto esfuerzo, pero más aun porque creía que había hecho todo bien. Pensaba: *Si hice todo bien y el mes que viene hago de nuevo todo bien, volveré a fracasar.*

Cuando no hay resultados y no sabes qué más hacer parece que todo se desmorona. Sin embargo, es ahí cuando aparece una de las cualidades de las mujeres triunfadoras: el aprendizaje.

Se trataba de un camino especial hacia abajo. En esa sesión conversamos mucho sobre el futuro, pero veía que le faltaba algo. Hasta que lo descubrí. Entre diferentes indagaciones le pregunté: «¿Cuántos clientes tienes?». Ella me miró sorprendida. Sabía cuántas personas había en su equipo, cuánto ganaron los últimos meses, sabía al detalle lo que tenía que vender, pero no sabía cuántos clientes tenía. Supimos que le costaba definir la cantidad de clientes porque ella atendía del mismo modo al cliente que solo la llamaba para comprarle un producto que al que formaba parte de su equipo solo para comprarle con descuento. «No sé», me dijo.

«Excelente», le respondí. Y comenzamos un minucioso proceso de contar uno por uno los clientes que tenía. Así descubrió que tenía un listado de noventa clientas fieles que había hecho durante todo su año de trabajo.

Le conté acerca de las estadísticas recientes que mencionan que toda mujer gasta doscientos cuarenta dólares por trimestre en diferentes productos de belleza y cuidado personal. Y que si ella no se los vendía, otra persona lo haría. Eso le llamó la atención muy fuerte. No era que no tuviera clientes, sino que no les dedicaba el tiempo que cada una requería cada mes. Si le dedicamos tiempo al equipo, si le dedicamos tiempo a las nuevas personas que nos acompañan en el proceso, pero no le dedicamos tiempo de calidad a nuestras clientes, posiblemente tengamos que buscar ventas ocasionales para completar nuestro mes.

Eso nos llevó al siguiente paso: Poder determinar el tipo de clientes que teníamos. Fue entonces que vimos que teníamos clientes ocasionales, clientes fidelizadas y clientas en el equipo. Por ello decidimos iniciar una nueva estrategia para tratar a cada una como se debía.

Sabíamos que si solamente lograba que treinta de ellas compraran ese mes, cubriría los objetivos básicos planteados. Si además su equipo usaba el mismo argumento lograríamos superar lo que todo líder necesitaba hacer por mes para tener una ganancia significativa.

Era el momento de cambiar de acción, de cambiar de mirada, de cambiar de compromisos. De estar cada día pendiente de los clientes, de saber cuándo me había comprado lo último, de ofrecerle lo nuevo. De saber que era yo su acceso a la belleza y la buena vida y que debía comprometerse a que esos doscientos cuarenta dólares quedaran en casa.

Aprender es una palabra compuesta de dos palabras: a, que significa sin, y prender. Esto nos ayuda a comprender que la mejor manera es «sin prender» o sea «soltando» lo que ya tengo para poder tomar un conocimiento nuevo. Y ella estuvo dispuesta.

Es maravilloso ver mujeres triunfadoras que ya hicieron mucho de lo cual se sienten orgullosas y eligen aprender más, incorporar nuevas distinciones, ir a nuevos lugares. La amiga de este caso tuvo el mejor mes que conocía. Duplicó las ventas y logró estar entre las «Top en ventas» de ese mes.

Capítulo 14

Cómo tener clientes que te compren siempre

Este es un mundo maravilloso, fantástico para vivirlo y disfrutarlo. Y los nuevos modelos de negocios del siglo veintiuno te invitan a generar redes que se conviertan en grandes equipos al servicio de quien necesita acceso a un mejor nivel de vida y acceso a aquellos que desean crecer en la compañía.

Por eso debemos dejar de pensar en las personas a las que saldré a venderles y ver cómo genero un espacio poderoso que haga que ellos vengan y compren mientras yo disfruto sirviéndoles.

Por eso la pregunta en este capítulo es: ¿Cómo generar clientes que te compren siempre? Una mujer triunfadora no vende, genera espacios para que los clientes le compren. Ella se encuentra influenciando en la comunidad, dando acceso a la belleza y al bienestar enfocada en su compromiso, en su visión y en su equipo. Y las clientes vienen a ella cada día.

Pero para llegar allí hubo una primera vez que tuviste que elegir construir tu futuro. Esa primera vez no se resume en una carrera alocada hacia la calle esperando tener suerte. Es un día histórico en el que decidiste dejar de tener un trabajo dependiente y pasar a construir una organización interdependiente. Ahora buscamos darte herramientas para que puedas mirar más, para que puedas ser quien elegiste ser, para que puedas relacionarte poderosamente y para que puedas lograrlo. Cuando decimos lograrlo nos referimos a hacerlo y a ayudar a otras a hacerlo también. Nos encanta ver cómo creces y cómo puede crecer tu equipo también.

Todo comienza practicando el 70/30. Esto es, vender 70 dólares todos los días a una clienta. Así le doy acceso a la belleza y al bienestar a al menos 30 clientas cada mes.

Este modelo te invita a comprometerte cada día a cerrar una venta de por lo menos 70 dólares a cada cliente. Cada día. Sin excepción.

Así de fácil. Así de profundo. Así de constante.

Para llegar a esta conclusión dedicamos mucho trabajo y tiempo, observando a gran cantidad de mujeres que tienen más de 30 clientas. Vimos también que muchas les venden 70 dólares. Sin embargo, no logran la proposición que esta fórmula plantea. Y es por falta de tomar conciencia para hacerlo cada día y de enseñar al equipo a hacerlo también.

Si tengo un equipo de 50 haciéndolo tendré un volumen de venta mensual de 100,000.00 dólares. Algunas tienen cincuenta personas en su equipo que tienen más de treinta clientes pero no llegan a esos volúmenes.

¿Qué tal si le damos la opción de probarlo?

Cuando comienzo a ver lo poderoso que es que cada día pueda vender, pueda ser una posibilidad, le pueda dar acceso a un nuevo nivel de vida a una persona, seguro que lo voy a transmitir. Si hago esto en un periodo de 90 días sin parar, tomando contacto con cada una de ellas, sabiendo bien qué necesitan, qué puedo ofrecerles y cuándo debo ofrecerles nuevamente, me encontraré sembrando un triunfo excepcional.

Creemos que este es un trabajo, una relación o un desafío posible. Si uno se compromete a atender a una clienta por día y a venderle lo mínimo

—que normalmente puede estar por el orden de los 70 dólares— es probable que alguien compre y, por tanto, que llegues a la meta.

Comprar te puede comprar 20 dólares pero cuando tienes el producto bien puesto en el cuerpo, como mínimo le vas a vender 70 dólares. Tengo un montón de casos, me podría pasar el día completo hablándote de las mujeres que vinieron por 50 y terminaron generando 200, 250, 300 y más. Setenta dólares es lo mínimo que creemos que uno puede vender. Imagínate que empiezas a desarrollar un modelo de negocio en el que la gente se va sumando a tu unidad, las consultoras que se van sumando a tu carrera comprenden lo mismo, eso significa que prontamente vas a tener 5, 6, 7, 8, 9 que van a estar en un promedio de 70 por día, es 2,000 aproximadamente por mes.

Entonces llegar a directora o líder de tu equipo. No es difícil llegar a directora, es fácil si uno está comprometido con hacer un negocio sólido, rentable y duplicable.

¿Sabes por qué muchas unidades no crecen o por qué no hay personas que no están ganando miles de dólares como se puede ganar en este negocio?

Simplemente porque hacen ventas ocasionales y quieren tener un negocio duradero; la venta ocasional es para una ocasión, es de un momento.

Cuando uno tiene el producto, cuando uno sabe exactamente lo que tiene y cuando uno empieza a darse cuenta de lo maravilloso que es darle acceso a la gente a un nuevo nivel de vida, las personas van a venir a comprar.

Por eso me encanta este negocio, porque vas a poder tranquilamente, si eres ordenada, si estás organizada, si lo haces mirando hacia el futuro, esperando generar miles y miles de dólares por mes de una manera interdependiente, con una buena relación con tu hablar, con una buena relación con la compañía, con una buena relación con tus clientes y usando un mínimo de tiempo en el que eres sumamente productiva.

Paso a paso

Primero: Asume una gran actitud

Siempre debes tener una gran actitud. No hay dos oportunidades para una primera buena impresión, de modo que los buenos modales y el entusiasmo facilitan tus logros. Necesitamos impactar con nuestra manera de ser a todo el mundo.

La primera impresión es la que cuenta. Cuando te levantas en la mañana y estás dispuesto a colonizar al mundo, las cosas funcionan.

Creo en los colonizadores, creo que tenemos que convertirnos en colonizadores de nuestra casa, colonizadores de nuestra organización, colonizadores de nuestro barrio, colonizadores de nuestra comunidad, colonizadores de nuestro país.

Porque los conquistadores vienen a llevarse lo que consigan, pero los colonizadores vienen a sembrar. Y si nosotros tenemos la actitud de colonizar en donde estemos, vamos a estar dispuestos a ser una posibilidad para el prójimo.

Qué bueno sería levantarme en la mañana y tener esa actitud de colono, asumir que hoy es el primer día del resto de mi vida, no importa lo que me pasó hasta ayer, no lo puedo cambiar, y el mañana no ha llegado pero puedo hacer del hoy un día maravilloso y disfrutarlo como un presente, como lo que es.

A veces esas dos grandes eternidades, esos dos grandes condenadores de la gran mayoría de la gente, llamados pasado y futuro, terminan derrotándonos antes de que pongamos un pie en el piso.

Pero tenemos la gran oportunidad de cambiar eso, tener una buena actitud y enfrentar la vida. Cuando uno es ganador, las cosas suceden.

Segundo: Sé puntual

Tu conducta muestra tu responsabilidad. Hay que ser el primero. Si no lo eres, probablemente vas a ser el último. Por ejemplo, hay gente que vive preguntándose por qué no venden y mientras esperan a los clientes, otros salen a buscarlos y se los quitan en el camino.

Hay mujeres que se levantan en la mañana y dicen que van a trabajar, pero cuando están a punto de salir con su libreta de anotaciones y teléfonos pasan por el cuarto del hijo más grande y ven que hay mucha ropa sucia, la recogen, la llevan al lavadero, empiezan a lavar y terminan atareadas con los quehaceres de la casa.

En medio de eso, llega su marido y le dice: «Querida. ¿hay alguna cosita como para picar a media mañana?». Y así sucesivamente, se distraen hasta que se dan cuenta de que iban a trabajar. Así que llaman a la primera clienta y le dicen: «Hola, ¿cómo estás?». Y la clienta no la quiere atender, no la puede atender, no está para atenderla o cuelga el teléfono. Entonces ella dice: «Este negocio no es para mí».

No, no es el negocio, es que no fuiste puntual y responsable con cada una de las cosas. Te dejaste arrastrar por la rutina diaria de la mujer que no deseas ser. Deja salir la que sí deseas y comienza a conversar con tu familia, a generar contextos de productividad, cuéntales tus sueños, tus compromisos y tu necesidad de ocuparte en los horarios designados a crecer y desarrollar el negocio.

Tercero: Prepárate

Cuando uno hace una venta ocasional tiene que elegir la zona, tiene que visualizar el día, tiene que prepararse con éxito, planificar y ser flexible en la ejecución.

No te estoy invitando a que salgas a colonizar tu tierra y decir: «Bueno, no sé a quién le voy a vender». Lo que te estoy diciendo es que estés preparado para la venta ocasional de modo que cuando haya una, colonices el lugar, pongas una bandera y siembres allí.

Probablemente coseches. ¿Cuántos casos hay de ventas ocasionales que se terminaron convirtiendo en campo de líderes?

¿Cuántos casos hay que de repente comenzaron en una ventita ocasional y al año tenían un carro del año, en la puerta de su casa producto de todo lo que habían producido y trabajado? Tenemos una gran oportunidad entre manos.

Para la venta ocasional, para aquel que vende ocasionalmente, para aquel que no hace relación decíamos que trabaje ocho horas, que es importante dedicarle un tiempo, trabajar correctamente, pero que no pase por un lugar de manera atropellada.

Míralo, fíjate qué mes hay, entra en todos lados, habla con todo mundo, muestra todo lo que puedas mostrar. Mientras más converses, más cerca vas a estar del logro.

Si hago una venta ocasional, después veré cómo la convierto en una venta relacional, pero por ahora lo que estoy buscando es que sea una venta ocasional y tengo que estar dispuesto a hacerla.

Cuarto: Mantén la actitud

Recuerden que somos nuestras conversaciones, no nuestras circunstancias. Un filosofo del siglo pasado decía: «El hombre y sus circunstancias». Hoy somos nuestras conversaciones, somos nuestras elecciones. Así como una persona puede estar diciendo: «Ah, qué problema tengo», otro puede afirmar: «Qué excelente oportunidad». Mientras uno solo ve un limón, otros ven limonada. ¿Qué estás viendo tú?

Estamos comprometidos a que cada mujer triunfadora tenga una sonrisa que salga de lo profundo de su corazón. A que disfrute la vida. Y no estamos planteando una vida sin problemas, lo que estamos planteando es una vida con soluciones; eso es lo que también queremos darle.

Quinto: Asegúrate de saber por qué y para qué estás aquí

Los clientes se te acercan cuando saben quién eres y adónde vas. Cuando empiezas a tener claras tus metas, cuando sabes hacia donde quieres ir. Recuerda, el mundo es de Dios y se lo alquila a los valientes.

Cuando solo tenemos a nuestro cliente un momento

Para llegar a la venta relacional, para desarrollar un negocio grande y amplio, necesitamos ir por miradas poderosas. Los mejores vendedores del mundo practican reglas clásicas que muchas mujeres nunca conocieron. Aman lo que hacen, pero les falta formación. Por eso quiero dedicar unos momentos a hablar sobre la venta ocasional.

Lo primero que debes hacer cuando se estés frente a esa posibilidad, es convencer a la gente con incentivos, no con argumentos. Por tanto, sé una buena generadora de contextos, cuéntale lo que producirá cada producto en su vida. Los cierres se hacen con producto en mano. Los tienes que mostrar. Cuando la persona tiene la posibilidad de tocarlos, algo diferente ocurre con ella. Cuando vayas a definir la compra, sube o baja tu tono de voz. Aprovecha al máximo los positivos. Si hay un lugar donde estés vendiendo ocasionalmente tal vez le vendas a dos, a tres, a cuatro. No es para que lo hagas en privado y en silencio, de forma que nadie se entere. Fuiste diseñada para fluir e influir, así que no te dejes amedrentar. Aprovecha los positivos y verás cómo le vendes a más de uno.

Si estás en una presentación de productos, no tengas ningún reparo en vender un paquete. Y no pierdas el tiempo. Ese es tu momento. El «Lo pensaré» va contra todos tus sueños y eso no puede suceder en tu terreno.

Pero no les muestres tus ganas de vender. Muéstrales tu deseo de darles acceso a una nueva calidad de vida. Si alguien te dice que no tiene plata y que desea recibir tu oferta en tres días, mantente firme en que la oferta es por hoy. La urgencia de los tiempos y la pérdida de algo que estoy tocando en este momento y me gusta, ayuda a tomar la decisión.

Ahora, ten en cuenta que la venta ocasional va a generar clientes ocasionales y no solo necesitamos tener ventas ocasionales en un lugar, en una zona, en una ocasión, necesitamos además venta relacional.

La venta ocasional te va a dar de comer, la venta relacional hace que puedas invitar a otros a comer a tu mesa y de eso es lo que quiero hablarte a continuación.

La venta relacional

Primero pensemos en, y hablemos de, el mundo en el que estamos. En este ya no prevalece la relación comprador-vendedor. Ya ese modelo del siglo pasado no existe. Ya no existe relación entre el comprador y el vendedor.

En ese mundo del comprador-vendedor, el énfasis está en el producto, en el costo del producto, en la calidad del producto, en la competencia del producto, en la distribución del producto.

Hoy estamos en una era en la que el modelo comprador-vendedor está cambiando. Donde el énfasis estaba en el producto, ahora está en la relación suministrador-usuario.

Cuando yo soy tu suministrador y tú eres el usuario, tenemos que conocernos, tenemos que tener un trato diferente. Cuando la relación es suministrador-usuario los énfasis son diferentes.

El modelo comprador-vendedor no necesita un compromiso de conocimiento o relación. Eso hace que uno empiece a comprender que en la compra-venta el énfasis es en el producto y en la venta ocasional. Esto funciona de una muy buena manera, pero en la venta relacional el énfasis es en las personas que han comprado los productos por el acceso a la belleza que dan. Esta es la clave.

¿Cuál es nuestro negocio hoy? No solo la relación, no vendemos un producto. Nosotros estamos comprometidos a darle acceso a la belleza y al bienestar a la gente. Cada vez más se paga por el acceso, por la experiencia, que por el producto en sí. Probablemente en un par de años lleguemos a tener membrecías de acceso a diferentes áreas, a diferentes experiencias, a diferentes modelos o productos de modo que la compra-venta del producto sea lo de menos.

Tenemos que dejar de vender productos y convertirnos en especialistas en acceso a la belleza.

La venta relacional requiere que entiendas que estás dándole acceso a la gente a una nueva experiencia. Cuando eso haces, comprendes que lo que estás haciendo es un bien a la comunidad, a la familia. ¿Qué pasa con una mujer que hace mucho, no se arregla por sus preocupaciones, porque dice que no le alcanza el dinero, porque nadie la ayudó a acceder a la belleza. Que cuando empezaste a maquillarla o pasó por un spa y se relajó y se dio cuenta de que sus pies y sus manos podrían estar mucho más bellos y llegó a su casa, y su marido y sus hijos se asombraron al verla?

Uno alegra lugares, genera una experiencia, es un fin social.

¿Cuándo es probable que el negocio no funcione? Cuando haces venta ocasional sin conocerla o creyéndote que es una venta relacional. Cuando simplemente tienes los productitos creyendo que es el producto que se oferta, que es mi líder que lo tiene que vender sin darte cuenta que eres tú la que puede generar un acceso a la belleza a la gente que está a tu alrededor.

Nuestra labor es darle acceso a la gente a la belleza, estamos comprometidos con la relación y ahora buscamos más maneras de relacionarnos. ¿Cómo son esas maneras? Tener clientes especiales, tener listados de clientes referenciales.

Si trabajas fuerte el modelo relacional durante cuatro meses, generando un listado, generando tu cajita y generando ciento veinte clientes especiales y referenciales, te puedo asegurar que tu negocio como experta en belleza va a crecer de manera exponencial.

Va a crecer fuertemente porque muchas de esas clientas se van a convertir en parte de tu equipo o en quienes promuevan la ventaja de los accesos que les brindas. En ese contexto, cuando tienes clientes relacionales, no importa lo que compren, ellos confían en ti. Cuando eres experta en venta relacional y en darle acceso a la belleza a la gente, haces venta relacional, venta ocasional y tus clientas recurren a ti.

Mi negocio es mostrarles a cada una de mis ciento veinte clientes referidos que no solo pueden ser consumidoras con descuento, no solo pueden ser consultoras a tiempo parcial sino consultoras profesionales. Si lo estás haciendo en una pequeña medida, te tiene que ir excelente; no hay posibilidad de que te vaya mal, no hay posibilidad de que no vendas, te tiene que ir excelente. Es imposible que no te compren, pero para ello obviamente tienes que prepararte.

Tienes que saber que no vendes productos de piel, sino que le das acceso a la relajación a la mujer de hoy. Tienes que saber que no vas a vender productos para hacerte más joven, sino que le vas a dar acceso a la juventud. Tienes que saber que no vendes productos cosméticos, sino que le das acceso a belleza para que los hombres y las mujeres se puedan ver y sentir más lindos. Tienes que saber que no es simplemente formar parte de este negocio, sino que un nuevo nivel de vida y el acceso a la bella vida está en tus manos.

Cuando te relacionas de ese modo con el usuario, este puede ser un futuro miembro de tu equipo, un cliente fijo. Para eso el vendedor relacional debe tener disponibilidad. Disponibilidad es estar siempre presente, la venta relacional no sirve si vendes dos productos en la mañana y te vas de paseo.

La venta relacional es con la gente. Por ello, brinda confianza, no esperes recibirla, bríndala.

Vive dando confianza a los demás. Y ten siempre buen humor.

El buen humor se practica porque no solo trae sanidad al cuerpo, ayuda a la gente. Sé una triunfadora. No por el resultado, sino por tu manera de mirar la vida.

El vendedor relacional necesita disponibilidad, conocimiento, confianza, buen humor y ser ganador. Si te falta alguna de esas características sabrás por qué todavía no logras el éxito que buscabas. Trabaja en eso y elige hoy cómo comprometerte para llegar a ese lugar diferente que anhelas alcanzar.

Las cinco E de la venta relacional

Cuando te prepares para la venta ocasional, siembra constantemente desde la perspectiva del modelo de la venta relacional. Eso te hará una mujer triunfadora con equipo sólido, rentable y duplicable.

Y en ese contexto es que aplicas las cinco E de la venta relacional: Entrega, empatía, entendimiento de la cultura, emociones y escucha.

Si quiero ser un excelente modelo de generación relacional, de venta relacional y que mi equipo tenga clientes sólidos, no puedo tener líderes que al primer problema se les caiga el equipo.

Si se cayó el equipo es porque eran ventas ocasionales y nada más . . .

Si se cayó el equipo es porque no había desarrollo dentro del mismo . . .

Si se cayó el equipo es porque no estás mirando hacia el futuro y lo que viene dentro de esta compañía. Ahora, si pasó hagámonos todos responsables y que no vuelva a pasar; para ello ayudémonos unos a otros.

Recuerden que el cuchillo se afila con cuchillo y no cuchillo con cuchara.

Ayudémonos unos a otros a trabajar un modelo relacional. La relación implica entrega, entrega significa que hago este trabajo por entrega no por intercambio. El intercambio, el interés, tiene patas cortas, es un buen modelo pero no es tan poderoso como la entrega, como ser colonizador, ser un influyente en tu comunidad.

Por otra parte, la simpatía no alcanza, hoy se necesita empatía. Simpatía es una buena sonrisa, empatía es sacarle una sonrisa a otro. Si quieres ser empático, deja de pensar, de mirar con tus ojos; empieza a mirar con los ojos del otro.

Cuando tengas a alguien frente a ti, pregúntate cómo lo puedes bendecir, cómo lo puedes ayudar, qué puedes hacer para convertirte en una posibilidad para su vida.

Convirtámonos en oportunidades y como dicen aquí: «Ponte en el zapato del otro».

Entendimiento de la cultura, estamos en un mundo modernista en el que lo que vale es la experiencia del momento. Hoy se ha mercantilizado la cultura.

Emociones. Como líderes de ventas relacionales tenemos que trabajar con emociones, no las emociones con nosotros. ¿Tengo emociones o las emociones me tienen? Puedo trabajar en mis emociones, puedo hacer que mis emociones vayan conmigo donde yo quiero pero ¿sabes cuándo sucede eso?, cuando diseño futuro.

Escucha, la venta relacional necesita que seas un buen escuchador, recuerda, no sé por qué pero me imagino que tiene que ver con la escucha. Dios nos dio dos orejas y una boca, por algo debe ser. Algunos no se han dado cuenta pero la escucha es la herramienta más poderosa del lenguaje. Cuando te conviertes en un buen escuchador eres un escucha activo, un escucha presente, un escucha generoso, cuando tengo al cliente, a la consultora o a la persona enfrente que me va a acompañar en este camino y la escucho, la gente va a querer integrarse.

Estamos en una compañía en la que en los últimos meses se ha trabajo mucho en las ofertas. Fíjate en la importancia de poder trabajar en cada oferta, analiza la forma en que la compañía está haciendo un esfuerzo grande. ¡Qué clase de ofertas! La relación tiene que ver contigo. La relación tiene que ver con tu liderazgo. En este contexto es que podemos generar y desarrollar una venta relacional.

Capítulo 15

Logra la máxima productividad

La mujer triunfadora siempre va por más. Entiende que su mundo está en constante cambio y busca siempre lograr lo máximo.

Esto no se mide solo cuantitativamente sino también cualitativamente. No se mide solo en resultados, se mide también en logros. Pero, sobre todo, es una actitud de vida. En el modelo que te invitamos a llevar adelante siempre uno debe mirar hacia el futuro. Cuando tengo un futuro poderoso aprendo del pasado, cuando no tengo futuro el pasado me aplasta.

Muchas de las organizaciones que no crecen y, por lo tanto, decrecen son aquellas que tienen más pasado que futuro. Tú puedes cambiar esa historia, en tu vida, en tu organización, en tu equipo. Para ello comprométete con lograr la máxima productividad, la que te ayudará en el camino a lo extraordinario.

Quiero darte unos principios básicos para lograr máxima productividad:

1. Ejercita el músculo

Nadie nace destacándose por la productividad, eso es algo que hay que labrarse. Y requiere dos herramientas que ya vimos: visión y compromiso. La mujer triunfadora es la que cada día ejercita el músculo para ir por más. Entiende que si se duerme, se le atrofia o se le cansa. Y que necesita ejercitarlo. El atributo más grande de una mujer triunfadora es la persistencia, pero con una sonrisa y una actitud de estar siempre creando un nuevo tiempo para ella y los que la rodean.

Cuando uno crece, y las obligaciones crecen con uno, pareciera que el ejercicio del músculo de lograr máxima productividad comienza a ser un derecho del equipo o de quienes trabajan con nosotros. Sin embargo, es un engaño. El músculo se ejercita individualmente. Como manifestábamos al comienzo del libro, tenemos que aprender a dividir entre el ser y el hacer. Pero también aprender que el ser en sí es un *siendo*. Con un crecimiento continuo, con una formación continua. Hay un versículo en las Escrituras que quiero que leas:

> No es conforméis a este siglo, sino transformaos por medio de la
> renovación de vuestro entendimiento, para que comprobéis cuál sea
> la buena voluntad de Dios, agradable y perfecta. (Romanos 12.2)

Para lograr máxima productividad en tu vida y en la de tu equipo, debes dejar de conformarte al mundo y su sistema de cosas. Debes dejar de acomodarte en medio de aquello que sabes y que haces tiempo atrás.

Lo que debes hacer es transformarte. Y la palabra para transformación se encuentra en presente continuo (es la palabra griega *anakainosis*, que significa hacer nuevo en calidad). No es un acto que hago una vez y para siempre. Es un estado constante del ser.

Elegir buscar y vivir en máxima productividad debe ser el estilo de vida de la mujer triunfadora. Y desde allí ejercitar el músculo, lanzarte a nuevos desafíos, surfear sobre la ola de las oportunidades y caminar en medio de cada posibilidad que te llegue. Y cuando eso suceda te encuentres preparado para ejercitar el músculo.

¿Qué deberías hacer para cada día ejercitar el músculo que hoy no estás haciendo? ¿Para qué propósito? ¿Qué nuevos desafíos eliges lograr para que haya máxima productividad en tu vida? La visión no es solo un sueño. Es sueño más acción, más pasión. Debes ejercitar el músculo. Al principio puede dolerte. Para eso trabaja la tensión creativa. El estiramiento te servirá para llegar más lejos.

2. Busca el doble

Ejercitar el músculo es una tarea cotidiana que viene acompañada por la técnica de buscar el doble. Me gusta preguntarme qué es el doble de lo que estoy haciendo y cómo puedo hacerlo en la mitad de tiempo. Eso me ayuda a estirarme, a buscar en mi mente nuevas alternativas y a ver con mayor claridad lo que me falta.

Cuando cuantifico por el doble los primeros pensamientos que mi mente genera, serán de imposibilidad y seguro me invitarán a describirlos o valorarlos. Cuando voy por el doble, mi mente me dice que es imposible. Mucho más si me está costando el nivel actual. Eso es automático. Nos sucede a todos. No te dejes amedrentar por esos pensamientos, entiende que siempre aparecen. Son como un mecanismo de defensa del organismo. Debo salir del estímulo automático producido por la ley de la gravedad. Esta ley hace que todo cuerpo sea arrastrado hacia el centro de la tierra. Cada vez que saltas, algo hace que rápidamente caigas. Lo mismo sucede con las ideas, con la productividad, con los desafíos. Cuando te propones llegar a lugares más elevados, cuando intentas ir al siguiente nivel en tu carrera y en tus opciones, algo te halará hacia el centro de la tierra. Es en ese momento cuando debes elevarte por tu compromiso y tu visión de futuro.

Para ello es clave reconocer los propios compromisos, entender que no son con otros sino con uno mismo, y sostenerlos. darse la oportunidad de crecer saliendo de la zona de comodidad.

Para lograr el doble, debo aprender lo que llamamos en METODOCC las herramientas de ofensiva. El lenguaje, para los que accionan hacia adelante, son herramientas fabulosas que les permiten crear.

3. Enfócate

Sin focalización, la conciencia se halla en estado de caos. Por ello debes enfocarte en la meta y fluir. Conozco el caso de un profesor que deseaba poder mantener su mente concentrada y la veía a diario irse por diferentes tipos de pensamientos. Intentaba llevarla al control y la focalización pero siempre salía disparada hacia diferentes pensamientos.

Un día descubrió que un metrónomo (elemento que sirve para medir los compases musicales) le podía servir para mantener la mente pensando en una sola cosa. Así fue que muy temprano en la mañana decidió usar el metrónomo como un experimento personal para entrenar su mente a mantenerse fija en una cosa.

Ante cada movimiento del metrónomo se comprometió a mantener su foco en la palabra Dios. Pensaba en Dios, cada vez que el mismo se movía. Al quinto o sexto movimiento seguía viendo cómo su mente saltaba disparada a divagar en otras cuestiones. Probó día tras día hasta que poco a poco logró adiestrar su mente y mantener el foco en lo que él quería que estuviera.

Una buena forma también es ponerle un tiempo a la focalización. El poder medir la profundidad de la misma y la distancia, te ayuda mucho más en momentos en los que pierdes el control.

4. Persevera

La perseverancia es una de las herramientas más poderosas para lograr extrema productividad. Perseverar es mantenerse constante en, adherido a, siempre listo para. No puedo perseverar si tengo puesta la mira en el ayer o si no tengo una visión de futuro. La perseverancia se nutre del mañana. Para invitar a nuestro equipo a llegar a lugares que hasta ahora no llegó y lograr aquello que hasta ahora no logró, debo ayudarles a mirar hacia adelante y perseverar.

Un equipo comienza a ser poderoso y una mujer vive su triunfo cuando ante la adversidad del momento se queda parado en la quietud de la mirada, de saber con certeza hacia dónde ir.

El mundo de hoy invita a tener la mirada en el ahora y solo en el ahora. Se triunfa cuando se sale de esa posición. Si miras a tu alrededor, la gran mayoría de los jóvenes tienen conciencia del hoy, pero no la tienen del mañana. Perseverar es comenzar a desarrollar, llevar adelante y transferir al equipo la conciencia del mañana. No solo estar preocupado por la experiencia de hoy sino con la visión en lo que va a venir, en lo que está viniendo, en aquello que elijo para mi vida y la de mi gente. No podemos dejar de perseverar.

No podemos permitir que nuestro equipo solo se preocupe por el hoy. Si estás por llegar a fin de mes y comienzas a llamar a toda tu gente, y tras preguntarles cómo les está yendo les preguntas qué desean que suceda después que el mes comience, y solo te hablan del hoy, o de lo que están pasando o de cómo están cerrando este mes, es que necesitas ayudarles a elevarse y tener conciencia del mañana.

5. No escuches las sirenas

En medio de la travesía seguramente tendremos momentos en los que las cosas no sucederán como queremos. Es en esos momentos que somos invitados a cambiar el rumbo, a achicar nuestras metas, a no llegar a donde nos propusimos. Cuenta la mitología griega que Homero iba con su barco pasando por el sitio donde estaban las sirenas. Para llegar al siguiente lugar debía hacer que ninguno de sus marineros escuchara a las sirenas. Aquel de ellos que lo hiciera quedaría petrificado.

Así que se ató al barco y puso cera en los oídos de sus tripulantes.

De ese modo ninguno escucharía a las sirenas, solo él y no se tiraría tras ellas por estar atado.

Hay mujeres que quedan en la mitad de la travesía por escuchar a las sirenas. Hermosos y bellos cantos de otros lugares que buscan que te detengas, que te entregues, que no sigas con tu travesía. ¿Quiénes son las sirenas que te hacen dejar el barco o desenfocar a tus marineros? Átate al barco y ponle cera en el oído a los de tu equipo para que no se desenfoquen. Recuerda: Entre un buen mes y otro malo solo hay una conversación de distancia.

6. Hazlo de nuevo

Otro de los principios que llevan a las triunfadoras a lograr máxima productividad en los meses en que necesitan ir por el doble en gente, en resultados, en volumen, es comprender que el mundo de hoy corre muy rápido. Por eso es bueno hacer las cosas varias veces.

No nos conformemos con el hecho de que llamamos a tal o cual persona ayer, que eso es suficiente. Llámala de nuevo. Antes la opción era que te respondiera o no. Hoy existe la opción, desea responderme pero no tuvo tiempo, o tuvo que hacer otras cosas que la hicieron dejarlo para luego. Si la llamaste ayer, llámala hoy. No creas que todo lo que pasó ayer es verdad. Es solo una circunstancia.

7. Haz cosas nuevas

Haz cosas que hasta ahora nunca hiciste. Nos gusta poder generar espacios de pensamiento lateral con aquellas organizaciones que trabajamos.

No dejar lo que estamos pensando o haciendo, sino buscar modelos que nos permitan ver lo que hasta ahora no vimos. Planteamos técnicas que nos permitan innovar. Hacer cosas nuevas.

Pero para hacer cosas nuevas hay que verlas primero.

Usamos el *brainstorming* para preguntarnos cómo hacer cosas nuevas. O nos imaginamos qué haríamos en nuestro trabajo si usáramos los modelos y las formas que emplean quienes triunfaron en otros trabajos o en otros modelos de gestión.

Innovar no implica dejar todo. Es irle agregando a lo que hacemos nuevas maneras de hacerlo, o nuevos espacios donde lo hacemos, o nuevas maneras de comunicar lo que hacemos.

Pregúntate qué podrías hacer que hasta ahora no hiciste. ¿Cómo lo harían las personas que han tenido éxito? ¿Qué otra cosa puedo hacer que no hice nunca? Observa cada negocio que no sea el tuyo, en otros dominios e intenta llevar sus modelos de éxito al tuyo. Innovar nos permite seguir creciendo. El éxito se revela muchas veces cuando me permito crear.

La extrema productividad es una característica de las mujeres triunfadoras. Viven pensando siempre en ser las primeras. No se conforman con menos. Y si algún mes hacen menos, no se desmoronan sino que aprenden del fracaso para volver a la conquista. Apenas llegué a la conferencia anual de este negocio, escuché cómo todos tenían la posibilidad de sentarse en cualquier lugar o bien adelante, al lado del escenario. Para ello había que hacer un esfuerzo extra. Todos tenían esta opción como su meta a lograr. Querían conseguir los mejores lugares. No lo entendí hasta que pude darme cuenta de la fibra de una mujer triunfadora. Ella busca la extrema productividad, no para ganar los asientos, sino porque considera que siempre perteneció allí. No se deja llevar por posiciones fáciles y busca nuevos desafíos para que la adrenalina corra por su cuerpo y el de su equipo y así seguir creciendo, seguir innovando, seguir elevándose, seguir perseverando hacia la meta.

CASO 14

Con amor se derrite hasta el asfalto

Quiero contarles la historia de una mujer que vivió con pasión y que, en un momento de su vida, eligió no someterse a sus circunstancias; con lo que cambió la historia. Luego de haber conocido el amor profundamente aunque tarde, a los cuarenta años de edad, quedó embarazada. Los médicos le pronosticaron que si decidía dar a luz, su corazón no resistiría; que moriría el bebé, ella o ambos. Pero amaba tanto al niño que llevaba en su vientre que decidió arriesgarse.

A pesar de provenir de una familia judía, al pasar frente a una iglesia se detuvo y con su mano en el vientre la observó. Era un templo de más de cien años que se erguía en una esquina señorial del Barrio Norte de la Capital Federal de Argentina. Con una vereda amplia de baldosones blancos que se mezclaban con los de la entrada principal del templo, daba la sensación de que invitaba a entrar.

Eso sintió Rebeca con su bebé en el vientre. Hacía poco que su médico de toda la vida le advirtió que precisamente su vida y la de su bebé estaban en peligro y que le aconsejaba que abortara. Si no lo hacía, decía aquel hombre, ambos podían morir. Para ella era una palabra que no tenía cabida en su mente.

Ella pasó muchos años intentando que en su vientre se recreara la vida y, en el instante que eso sucedía, se hablaba de muerte.

Como judía, su familia había sufrido todo tipo de persecuciones y penurias. Su madre murió muy joven y ella como la mayor de cuatro hermanas se ocupó de cuidarlas, de atenderlas, de amarlas.

Si no hubo lugar para la palabra muerte en ese momento, mucho menos ahora. Así que atravesó el portal y se acercó al solitario altar donde una imagen de Jesús ocupaba toda la escena. Levantó su mirada y le habló: «Si cuidas la vida de mi bebé, me convertiré a ti y seré una de tus más fervientes seguidoras».

A los meses de ese vital momento de decisiones, tuve el grato privilegio de nacer y de comenzar una vida al lado de una mujer que me enseñó a amar a Dios con todo mi corazón y al Señor Jesucristo con toda mi alma. Ese fue un día especial en la vida de mi madre, día que me permite hoy estar escribiéndote. Ella fue una triunfadora que no permitió que nada la hiciera ser menos de lo que soñaba. Y que me permite a mí, ahora, alentarte a que también lo seas. Que este tiempo sea especial. Que puedas amar, perdonar, decidir, sembrar, influir en tu comunidad. Fluir e influir.

Sal a vivir tu experiencia como una triunfadora, a influenciar la vida de miles, a ser una posibilidad para tu familia, a desarrollarte como líder, a cambiar el mundo, tu mundo, y a partir de allí saber que cada día puedes dar vida donde otros dicen que no se puede, y llevar belleza y buena vida a todo aquel que se te cruce en el camino.

¡Sé una mujer triunfadora!

Notas

Capítulo 1
1. Consultar www.coachingcristiano.com/ccv.

Capítulo 3
1. Héctor Teme, *Otra oportunidad* (Editorial Papiros, 2008).

Capítulo 4
1. Un *webinar* es una conferencia virtual dada a través de un programa de conexión por Internet.

Capítulo 5
1. Acerca de este tema puedes leer el capítulo «Cómo vencer la preocupación», de mi libro *Millones comienzan en uno*.

Capítuo 10
1. Stephen Covey, *Grandeza para cada día* (Nashville, TN: Grupo Nelson, 2008), pp. 4–11.

Capítulo 12
1. Recomendamos leer Héctor Teme, *Logra lo extraordinario con el METODOCC* (Miami: UNILIT, 2010).

Acerca del autor

Héctor Teme, de Buenos Aires, Argentina, es un experto en liderazgo reconocido a nivel internacional, conferencista, coach y autor. Es considerado uno de los líderes cristianos más conocedores en el uso de nuevas tecnologías como el e-learning, la interconectividad móvil y la difusión por Internet. Se ha especializado como master coach para el mercado hispano de BeautiControl, una de las marcas de Tupperware, Inc. así como de otras organizaciones de venta directa en diferentes países de Iberoamérica. Teme es el director de Coaching Cristiano, una organización comprometida al entrenamiento en liderazgo y desarrollo personal de cristianos, iglesias, instituciones y organizaciones que deseen a través del cristianismo lograr resultados extraordinarios con la bendición de Dios. Vive actualmente en Miami junto con su esposa Laura y sus tres hijas: Yasmin, Jael y Abigail.